Volker Gelfarth

Die besten Anlage-Strategien der Welt

**So setzen Sie die weltweit
besten Anlage-Strategien
erfolgreich um**

Volker Gelfarth

Die besten Anlage-Strategien der Welt

So setzen Sie die weltweit besten Anlage-Strategien erfolgreich um

Bibliografische Information der Deutschen Bibliothek
Die Deutsche Bibliothek verzeichnet diese Publikation
in der Deutschen Nationalbibliografie;
detaillierte bibliografische Daten sind im Internet
über http://dnb.ddb.de abrufbar

Impressum

© 2016 by GeVestor Financial Publishing Group

Theodor-Heuss-Straße 2–4 · 53177 Bonn
Telefon +49 228 8205-0 · Telefax +49 228 3696480 · info@gevestor.de · www.gevestor.de

Bereichsvorstand: Hans Joachim Oberhettinger

Inhalt: Gelfarth & Dröge Research, Chefredakteur: Volker Gelfarth (V.i.S.d.P.)

Mitarbeit: Andreas Dröge, Dieter Jaworski, Jörg Marquardt, Arman Sharafat

Umschlag: © imonolqs/fotolia

Satz: ce redaktionsbüro für digitales publizieren, Heinsberg
Druck: Beltz Bad Langensalza GmbH, Bad Langensalza

ISBN 978-3-8125-1998-4

GeVestor ist ein Unternehmensbereich der Verlag für die Deutsche Wirtschaft AG
Vorstand Helmut Graf, Guido Ems, Frederik Palm
USt.-ID: DE 812639372 · Amtsgericht Bonn, HRB 8165

Haftungsausschluss

Unsere Informationen basieren auf Quellen, die wir für zuverlässig erachten. Eine Haftung für die
Verbindlichkeit und Richtigkeit der Angaben kann allerdings nicht übernommen werden.

Inhalt

Einleitung 9

1 Die Value-Strategie
   Investieren in Top-Qualität zum günstigen Preis 13
1.1   Grundsätze des Investierens 16
1.1.1 Kauf eines Unternehmens 16
1.1.2 Kursrückschläge 16
1.1.3 „Langweilige" Topunternehmen 18
1.1.4 Einfache Entscheidungen 18
1.1.5 Der Zinseszins 19
1.2   Die großen Investoren 21
1.2.1 Portrait Warren Buffett 21
1.2.2 Portrait Benjamin Graham 30
1.2.3 Portrait Philip A. Fisher 36
1.2.4 Portrait Peter Lynch 43
1.2.5 Portrait Sir John Templeton 50
1.3   Growth gegen Value 57
1.4   Top-Qualität zum günstigen Preis 59
1.5   Allgemeine Unternehmensbeurteilung 67
1.5.1 Fragen zur allgemeinen Unternehmensbeurteilung 68
1.5.2 Die Macht der Marken – Das Branding 69
1.5.3 Ehrliches Management 76
1.6   Überprüfung der messbaren Qualitätskriterien 77
1.6.1 Eigenkapitalquote und Verschuldungsgrad 78
1.6.2 Eigenkapitalrendite 78
1.6.3 Gewinnwachstum 79
1.6.4 Dividenden und einbehaltene Gewinne 80
1.6.5 Umsatzrendite 80
1.6.6 Rendite der einbehaltenen Gewinne 81
1.6.7 Cashflow-Marge 81
1.6.8 Sachinvestitionen 82
1.6.9 Netto-Cashflow 83

1.7 Der Unternehmenswert 84
1.7.1 Marktwert vs. innerer, wahrer Unternehmenswert 85
1.7.2 Zukünftiger Unternehmenswert
ermittelt mit dem Diskontmodell 86
1.7.3 Zukünftiger Unternehmenswert auf Basis der Gewinne
pro Aktie und des Kurs-Gewinn-Verhältnisses 91
1.7.4 Zukünftiger Unternehmenswert auf Basis der Eigenkapitalrendite und des Kurs-Gewinn-Verhältnisses 94
1.7.5 Enterprise Value 96

2 Small-Cap-Strategie
Investieren in kleine, wachstumsstarke
und fundamental gesunde Unternehmen **97**
2.1 Renditevergleiche 98
2.2 Chancen bei einer Anlage in kleine Unternehmen 100
2.3 Messbare Auswahlkriterien 102

3 Joel Greenblatt
Die Zauberformel **107**
3.1 Joel Greenblatts Auswahlkriterien 108
3.2 Ergebnisse der Zauberformel 109

4 Dividenden-Strategien
Investieren nach Graham, O'Higgins und Sheard **111**
4.1 Benjamin Graham 114
4.2 Michael O'Higgins 117
4.3 Robert Sheard 122
4.4 Schlussbemerkungen 132

5 3-Filter-Strategie
Investieren mit den Kennzahlen von O'Shaughnessy **135**
5.1 Kriterien von O'Shaughnessy 137
5.2 Studien zu Kennziffern 140
5.3 Anwendung der 3-Filter-Kriterien 147

6	**Wandelanleihen**	
	Wenig verbreitet, aber langfristig überlegen	**149**
6.1	Günstiges Finanzierungsinstrument	149
6.2	Die Funktionsweise	150
6.3	Die Chancen	150
6.4	Die Risiken	151
7	**Gold und Silber**	
	Werterhaltung statt Renditeoptimierung	**153**
7.1	Gold: Seit Jahrtausenden eine stabile Währung	156
7.2	Silber: Das Gold des kleinen Mannes?	161
8	**Fortgeschrittene Strategien**	
	Investieren in verschiedene Vermögensklassen	
	und Absicherungs-Strategien	**165**
8.1	Asset Allocation	166
8.2	Strategien mit Optionen	180
8.3	Schlussbemerkungen	194
9	**Anhang**	**197**
9.1	Kurzportraits werthaltiger Unternehmen	197
9.2	Börsenweisheiten großer Investoren	213

Einleitung

Sicherlich haben Sie sich auch schon gefragt: „Was sind eigentlich die besten Anlage-Strategien der Welt, welche Menschen sind die besten – und somit auch reichsten – Investoren der Welt?" Und noch viel wichtiger: „Kann auch ich diese Strategien für mich nutzen?"

Die Antwort ist eindeutig: Ja, machen Sie es wie die erfolgreichsten Investoren. Beginnen Sie zunächst damit, erprobte Strategien zu „kopieren". Wenn Sie einiges von den Strategien gelernt haben, können Sie Ihre Kreativität ins Spiel bringen und einen eigenen Stil entwickeln.

In diesem Buch erfahren Sie alles über die Methoden der weltbesten Investoren, um zu Ihrer persönlichen Investment-Strategie zu finden. Sie müssen das Rad nicht neu erfinden, sondern können sich an den Grundsätzen und Methoden dieser Investoren orientieren, die ich Ihnen in diesem Buch vorstelle. Lassen Sie sich nicht von den marktschreierischen Thesen der Medien beeinflussen. Das Börsenfernsehen ist zwar unterhaltend, hat aber nichts mit strategischem Investieren gemeinsam. Börsenfernsehen und viele Börsenzeitschriften sind Entertainment, mehr nicht. Richten Sie nie Ihre Anlage-Entscheidungen nach diesen aus. Das wäre der sichere Weg in die Armut.

Eine erfolgreiche Börsenlaufbahn setzt voraus, dass Sie überlegt und konsequent handeln. Die Bewegung der Aktienkurse und Indizes ist das eine. Ihre Reaktion darauf – Gelassenheit, Gier oder Angst –, ist das andere. Entscheidend aber ist nur, dass Sie eine exzellente Strategie verfolgen und ihr auch in schwierigen Zeiten treu bleiben.

Benjamin Graham, der Lehrmeister von Warren Buffett (weltweit erfolgreichster Investor), hat dies in einem Rat an die Anleger auf den Punkt gebracht: *„Ich würde Ihnen raten, die Geschichte der Börse zu studieren, Ihre eigenen Fähigkeiten zu analysieren und zu versuchen, eine Anlagemethode zu finden, von der Sie glauben, dass sie in Ihrem Fall die richtige sein könnte. Und wenn*

Sie das getan haben, dann sollten Sie diese Methode ohne Rücksicht auf das, was andere Leute tun, denken oder sagen, weiterverfolgen ... "

Gerade in Krisen, wie dem Platzen der Internetblase, nach Terroranschlägen oder während der Finanzkrise wurden die Grundsteine für erfolgreiche Investments gelegt. Auch in der aktuellen Euro-, China- und Flüchtlingskrise ist das nicht anders. Die größten Investoren erzielten ihren Wertzuwachs kontinuierlich und über einen sehr langen Zeitraum. Und: Sie sind ihrem Anlagestil treu geblieben – auch in schwierigen Zeiten wie jetzt.

Bedenken Sie auch, dass mit konsequenter Strategie-Verfolgung Renditen von 15 bis 20% p. a. erreicht und auf lange Sicht durch die Macht des Zinseszinses hohe Vermögen gebildet werden können. So ist z. B. ein Anleger, der monatlich nur 250 € auf die Seite legt und mit seiner Anlage-Strategie 17% p. a. Rendite erzielt, nach 30 Jahren 2,1-facher Euro-Millionär. Offizielle Micropal-Studien belegen, dass nur 14% von 57 weltweit angelegten Fonds besser waren als ihr Index, von 44 Europa-Fonds schlugen nur 11% ihre Benchmark, d. h. 89% schnitten schlechter ab! Den Index schlagen Sie auf lange Sicht nur mithilfe von zeitlosen und in der Praxis bewährten Strategien, die ich Ihnen hier vorstelle.

Die erfolgreichsten Anlage-Strategien weltweit habe ich für Sie in übersichtlicher Form aufbereitet. An vielen Stellen ist das Buch mit den Weisheiten der größten Investoren bereichert. Entscheiden Sie sich für eine Strategie oder kombinieren Sie mehrere Strategien miteinander:

Value-Strategie – Investieren in Top-Qualität zum günstigen Preis
Mit dem Value-Ansatz haben ich und meine Mitarbeiter eine Methode entwickelt, Qualitätswerte mit einem erheblichen Rabatt zum wahren Wert zu kaufen. Viele gute Value-Unternehmen finden Sie in gefallenen Märkten. Aber Achtung: Nicht alle Aktien, die stark gefallen sind, werden auch wieder steigen. Unsere Methodik wird Ihnen helfen, Ihre Investitionsentscheidung strategisch, realistisch und vorausschauend zu treffen (vgl. DIE AKTIEN-ANALYSE, STRATEGISCHES INVESTIEREN, Gelfarths PREMIUM-Depot).

Small-Cap-Strategie – Investieren in kleine, wachstumsstarke und fundamental gesunde Unternehmen
Es gibt wachstumsstarke kleine Unternehmen mit Erfolg versprechenden Zukunftsaussichten und soliden Finanzen. In unserem Fokus stehen auch Unternehmen mit einem etablierten Geschäftsmodell, die noch nicht von der breiten Masse entdeckt worden sind (vgl. STRATEGISCHES INVESTIEREN, Gelfarths Dividenden-Letter).

Dividenden-Strategien – Investieren nach Graham, O'Higgins und Sheard
Die Dividenden-Strategien sind einfache, mechanische und risikoarme Value-Strategien, die sich bestens für konservative Investoren eignen (vgl. Gelfarths Dividenden-Letter, DIE AKTIEN-ANALYSE).

3-Filter-Strategie – Investieren mit den Kennzahlen von O'Shaughnessy
James O'Shaughnessy untersuchte erstmals empirisch, welche Strategien an der Börse auf lange Sicht wirklich zum Erfolg führen (vgl. STRATEGISCHES INVESTIEREN).

Fortgeschrittene Strategien – Investieren in verschiedene Vermögensklassen und Absicherungs-Strategien
Lernen Sie das Konzept der Asset Allocation (Aufteilung des Vermögens auf verschiedene Vermögensklassen) anhand praktischer Beispiele von Peter Lynch und Warren Buffett kennen. Lernen Sie zudem auch fortgeschrittene Methoden zur Absicherung Ihres Wertpapierportfolios.

Die für die Umsetzung der hier vorgestellten Anlage-Strategien notwendigen Informationen, Daten und Kennziffern zu einzelnen Unternehmen finden Sie in meinen Publikationen.

DIE AKTIEN-ANALYSE ist DAS Analysehandbuch der deutschen und internationalen Werte und DAS Standardwerk zur fundamentalen Aktien-Analyse. Mit meinem Team beobachte ich ständig die neuesten Geschäftsentwicklungen der 575 wichtigsten deutschen und internationalen Unternehmen. Sie erhalten klare Bewertungen und Empfehlungen zu jedem Unternehmen (Timing-Einstufungen von 5-Sterne-Aktien = weit überdurchschnittliche Kursentwicklung bis 1-Stern-Aktien = weit unterdurchschnittliche Kursentwicklung). Mit der AKTIEN-ANALYSE können Sie JEDE Strategie selbstständig umsetzten. DIE AKTIEN-ANALYSE ist das umfassendste deutsche Nachschlagewerk – das beste, das es auf dem deutschsprachigen Markt gibt.

Welche Anlagestrategie sich im nächsten Jahr am besten entwickeln wird, kann Ihnen niemand vorhersagen. Auf die richtige Mischung kommt es an. Ich verfolge für Sie in STRATEGISCHES INVESTIEREN sehr erfolgreiche Strategien. Beispielsweise die Small-Cap-Strategie, die Value-Strategie oder die 3-Filter-Anlagestrategie. In STRATEGISCHES INVESTIEREN nehmen wir Ihnen die Auswahlarbeit ab.

Gelfarths PREMIUM-Depot ist besonders für Anleger geeignet, die sehr wenig Zeit aufwenden wollen. Sie können ganz einfach meine 10 bis 15 Premium-Aktien kaufen und führen damit ein Depot nach meinen Strategien. Auch im Top-Dividenden-Depot aus Gelfarths Dividenden-Letter führen wir ein Depot, das Sie ganz einfach nachbilden können. Das Top-Dividenden-Depot kombiniert hohe Kurssteigerung mit regelmäßigen und hohen Dividenden-Ausschüttungen.

Ich wünsche Ihnen gewinnbringende Investitionen.

Volker Gelfarth
Chefanalyst DIE AKTIEN-ANALYSE
Chefanalyst STRATEGISCHES INVESTIEREN
Chefanalyst GELFARTHS PREMIUM-DEPOT
Chefanalyst GELFARTHS DIVIDENDEN-LETTER

1   Die Value-Strategie

Investieren in Top-Qualität zum günstigen Preis

„Fragen Sie nicht nach dem Preis, den Sie für ein Unternehmen zahlen, sondern nach dem Wert, den Sie für Ihr Geld bekommen. "

Warren Buffett

Dieser Satz beschreibt sehr gut, worauf es bei der Value-Strategie (Value-Investment) ankommt. Wie in fast allen Bereichen des täglichen Lebens möchten wir auch beim Aktienkauf möglichst hohe Qualität zu einem günstigen Preis erhalten.

Mit dem Value-Ansatz haben wir eine Methode entwickelt, Top-Qualitätswerte mit einem erheblichen Rabatt zum wahren Wert zu kaufen. Schritt für Schritt gehen wir mit Ihnen durch den systematischen Ansatz. Diese Methodik wird Ihnen helfen, Ihre Investitionsentscheidung strategisch, realistisch und vorausschauend zu treffen, vollkommen frei von der teilweise widersprüchlichen und verwirrenden Informationsflut, der Sie heute ausgesetzt sind. Der Weitblick Ihrer Entscheidungen soll Sie auch in krisengeschüttelten Zeiten noch ruhig schlafen lassen.

Haben Sie sich auch schon einmal gefragt, mit welcher Strategie in der Vergangenheit die besten Resultate erzielt werden konnten? Der folgende 20-Jahres-Vergleich zwischen Dow Jones, Nasdaq und Berkshire Hathaway (stellvertretend für Value-Investment) beantwortet eindrucksvoll diese Frage. Er zeigt, wie während dieser Phase – in Zeiten der Computer- und Interneteuphorie, in Bullen-Märkten und auch während der Baisse – die beste Rendite erzielt werden konnte.

■ **Dow-Jones-Index**

Der Dow-Jones-Index umfasst die 30 größten amerikanischen Aktiengesellschaften. Der Dow-Jones-Index steht für solide Unternehmen oder die „Old Economy". In der Internet- und Neue-Markt-Euphorie der 1990er-Jahre konnte fast jeder Anleger an steigenden Kursen teilhaben.

Viele Anleger machten dabei die Börse zum Casino und Aktien zu Casinochips. Sie kauften Unternehmen, über die sie kaum Informationen hatten. Heute sind die schnellen Kursgewinne wieder verloren gegangen, und die Anleger besinnen sich wieder auf die fundamentalen Werte – auf Value.

■ **Nasdaq**

Im Nasdaq-Index sind die größten amerikanischen Technologieunternehmen gelistet. In unserer Gegenüberstellung steht der Nasdaq stellvertretend für die „New Economy".

■ **Berkshire Hathaway**

Berkshire Hathaway (BRKa) ist die Beteiligungsgesellschaft von Warren Buffett, die stellvertretend für das Value-Investment steht.

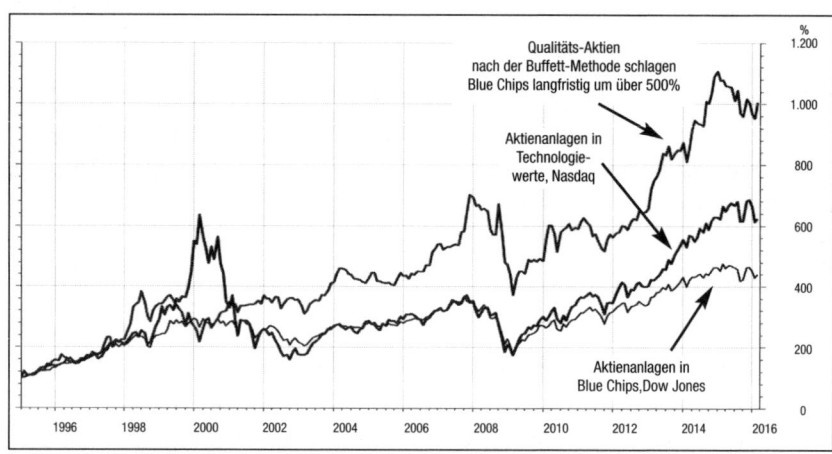

Der Dow Jones verläuft, insgesamt betrachtet, relativ stabil. Seit 1994 konnten Sie mit Werten aus dem Dow-Jones-Index (durchschnittlich) Ihr eingesetztes

Kapital um ca. 400% vermehren. Den Performance-Vorsprung, den sich der Nasdaq-Index im März 2000 „erarbeiten" konnte, ging mit dem Platzen der Technologieblase vollständig verloren.

Mit Nasdaq-Titeln hätten Sie Ihr Kapital im Durchschnitt mehr als versechsfacht. Eine Investition in BRKa hätte Ihnen eine Rendite von über 1000% gebracht. Diese Performance schlägt alle Vergleichsindizes.

Lediglich im Jahr 1999 und in der Finanzkrise 2008 musste BRKa einen „Rückschlag" hinnehmen. In der Zeit der Internet-Euphorie konnte der Nasdaq-Index vorübergehend die Aktie von Buffett überholen. Heute ist Buffett wieder unangefochten an erster Stelle. Dies ist nur ein Vergleich über rund 20 Jahre. Eine Betrachtung über einen längeren Zeitraum zeigt noch krassere Gegensätze und kann in einem Chart gar nicht mehr dargestellt werden.

Bedeutung der Fundamental-Analyse

Die fundamentale Aktien-Analyse ist gefragter denn je – vor allem in einem schwierigen Börsenumfeld. Die Popularität schwankt mit den Aktienkursen. Bei steigenden Kursen werden die fundamentalen Daten oftmals vernachlässigt, aber behalten trotzdem ihre Gültigkeit. Bei fallenden Kursen studieren die Analysten die fundamentalanalytisch orientierten Methoden der großen Investoren umso intensiver. Die erfolgreichsten Investoren waren, sind und werden auch in Zukunft wertorientierte Investoren sein.

„Machen Sie es sich nicht unnötig schwer: Die Grundgedanken des Wertinvestments scheinen mir so einfach und nahe liegend. Es kommt mir wie eine Verschwendung vor, zu studieren und einen Doktortitel in Wirtschaftswissenschaften zu machen. Es ist ein bisschen so, als würde man acht Jahre lang das Priesterseminar besuchen und dann erfahren, dass die Zehn Gebote alles sind, was zählt. "

Warren Buffett, in *Fortune*

1.1 Grundsätze des Investierens

1.1.1 Kauf eines Unternehmens

Als Investor kaufen Sie einen Teil des Unternehmens. Sie erwerben nicht „irgendein Stück Papier", sondern werden zum Gesellschafter und Miteigentümer. Daher muss stets die fundamentale Unternehmensanalyse im Vordergrund stehen.

Sie sollten sich entsprechend mit dem Unternehmen auseinander setzen. Fordern Sie die Geschäftsberichte an, vergleichen Sie sie mit Konkurrenten etc.

Bevorzugen Sie Unternehmen, die einfach zu durchschauen sind. Das Management soll nichts zu verbergen haben. Auch für den normalen Investor soll der Geschäftsverlauf nachvollziehbar sein. Wenn das Management weiß, dass seine Handlungen sehr transparent sind, spornt dies ungemein zu guten Managementleistungen an.

Denken Sie also vor dem Erwerb Ihrer Aktien unternehmerisch und schauen Sie zunächst vor allem auf das Unternehmen, nicht so sehr auf den Kurs. Überlegen Sie sich gut, welche Eigenschaften „Ihre" Gesellschaft haben sollte. Stellen Sie sich dabei vor, Sie würden das gesamte Unternehmen kaufen.

Der Wert Ihrer Aktien wird langfristig immer durch die Gewinne des Unternehmens bestimmt! Steigen langfristig die Gewinne werden auch Ihre Aktien steigen, sinken die Gewinne, werden Ihre Aktien fallen.

1.1.2 Kursrückschläge

„Kaufen Sie hervorragende Unternehmen mit vorübergehenden Problemen."

Wenn Sie bei einem Kursrückgang in Panik geraten, dann sollten Sie nicht in Aktien investieren. Aktien unterliegen zum Teil erheblichen Schwankungen. Wenn Sie jedoch den Kauf Ihrer Aktien gut überlegt haben und dabei die Auffassung vertreten, ein unterbewertetes Unternehmen gefunden zu haben, dann sollten Sie einen vorübergehenden Kursverfall von Top-Aktien – nicht von schlechten Aktien! – zu Käufen bzw. Nachkäufen nutzen.

Sie haben dann die Gelegenheit, Ihre Bestände zu „verbilligen". Kursrückschläge können Sie begrüßen, um Ihre Aktien preiswert hinzuzukaufen.

Buffett beschrieb dies einmal in Form einer Quizfrage:

„Ein kleines Quiz:

Wenn Sie Ihr ganzes Leben lang Hamburger essen wollen und kein Viehzüchter sind, sollten Sie sich höhere oder niedrigere Preise für Rindfleisch wünschen? Ebenso: Wenn Sie sich von Zeit zu Zeit ein Auto kaufen wollen und kein Automobilhersteller sind, sollten Sie dann höhere oder niedrigere Autopreise vorziehen? Diese Fragen beantworten sich natürlich von selbst.

Jetzt aber das Abschlussexamen: Wenn Sie erwarten, in den nächsten fünf Jahren netto zu sparen, sollten Sie dann für diesen Zeitraum einen höheren oder niedrigeren Aktienmarkt erhoffen? Viele Anleger geben hier die falsche Antwort. Obwohl sie netto gesehen auf viele Jahre hinaus Aktien kaufen werden, sind sie begeistert, wenn die Aktienkurse steigen, und deprimiert, wenn sie fallen. Sie freuen sich tatsächlich, weil die Preise der „Hamburger" gestiegen sind, die sie bald kaufen werden. Diese Reaktion macht keinen Sinn. Nur wer in der nahen Zukunft Verkäufer von Aktien sein wird, wird sich freuen, wenn diese steigen. Künftige Käufer sollten dagegen sinkende Kurse vorziehen.

[...] Sie sollten sich daher freuen, wenn sich die Märkte abschwächen und sowohl uns als auch unseren Beteiligungsunternehmen erlauben, Geldmittel vorteilhafter einzusetzen [...] Lächeln Sie also, wenn Sie eine Schlagzeile lesen, die lautet: „Börse gibt nach: Investoren verlieren". Schreiben Sie die Schlagzeile in Gedanken so um: „Börse gibt nach: Spekulanten verlieren – aber Investoren gewinnen". Obwohl Journalisten diese Wahrheit oft vergessen, gibt es für jeden Verkäufer einen Käufer – und was den einen notwendigerweise schmerzt, nutzt dem anderen."

Als Investor müssen Sie Geduld mitbringen und in der Lage sein, gegebenenfalls Kursrückschläge auszusitzen. Dies ist allerdings leichter gesagt als getan. Mit dem hier vorgestellten Investment-Ansatz können wir zwar den „inneren Wert" einer Aktie ermitteln. Keiner kann aber vorhersagen, wann die Aktie genau zu ihrem inneren Wert tendieren wird.

Die Börse ist launisch und wird von vielen psychologischen Faktoren bestimmt. Spekulanten versuchen herauszufinden, was die anderen Marktteilnehmer denken. Als Investoren halten wir uns lieber an die Tatsachen und denken darüber nach, was die Unternehmen, in die wir investieren, eigentlich wert sind.

1.1.3 „Langweilige" Topunternehmen

Wert-Investoren wie Buffett investieren ausschließlich in Top-Unternehmen. Mit dieser „langweiligen" Methode schuf er das zweitgrößte Privatvermögen der USA. Sie bevorzugen einfache und überschaubare Unternehmen mit Massenprodukten, die jeder kennt, zum Beispiel Coca-Cola, Gillette, McDonald's, Nestlé, Porsche oder Walt Disney. Es handelt sich meistens um Marktführer der entsprechenden Branche. Je einfacher und bekannter die Produkte, desto besser.

Konzentrieren Sie sich auf das Wesentliche, denn wenn Sie zu viele Aktien in Ihrem Portfolio haben, können Sie die einzelnen Unternehmen nicht mehr genau genug verfolgen. Gerade jetzt können wir Ihnen wieder „langweilige" Topunternehmen empfehlen, die aktuell sehr günstig zu haben sind.

1.1.4 Einfache Entscheidungen

Gute Geschäfte beruhen auf einfachen Entscheidungen. Darin liegt die Kunst – und auch das Problem. Wenn Sie in ein Unternehmen investieren wollen, stellen Sie sich einfach die Frage: Ist diese Investition mit einem klaren „Ja" zu beantworten? Gibt es auch nicht den geringsten Zweifel? Nur, wenn Sie dies bejahen können, investieren Sie. Wenn Sie sich nur schwer für ein Unternehmen entscheiden können, dann lassen Sie es unberücksichtigt und halten nach einem neuen Ausschau, bei dem Sie sich Ihrer Sache sicherer sind.

Systematisches und sicheres Investieren hat sehr viel mit einer Abwägung der Chancen und Risiken zu tun. Bedenken Sie bei der Wahl Ihrer Investment-Strategie bitte Folgendes: Selbst wenn es Ihnen gelingen sollte, mit einer risikoreichen Strategie ein sehr großes Vermögen aufzubauen, reicht oftmals ein nur einmaliges Scheitern, um wieder bei Null zu stehen. Die besten Investoren haben längerfristig bis zu 30% jährlich Rendite erwirtschaftet. Diese Investoren gehören heute zu den reichsten Menschen der Welt. Die Aktienmärkte, gemessen am deutschen Aktienindex DAX, dem amerikanischen Dow-Jones-Index oder dem japanischen NIKKEI-Index, haben in vergleichbaren Zeiträumen durchschnittlich „nur" 10 bis 13% p. a. zugelegt. Aber selbst diese Resultate schlagen nahezu alle anderen Kapitalanlageformen.

Langfristige Renditen großer Investoren		
Warren Buffett	1956–2015 Berkshire Hathaway	ca. 20% p.a.
Peter Lynch	1977–1990 Magellan-Fund	ca. 22% p.a.
John Templeton	1954–1992 Templeton Growth Fund	ca. 14% p.a.

Bei der Methode, die wir hier vorstellen, beziehen wir uns vor allem auf Benjamin Graham und Warren Buffett sowie Peter Lynch – drei der größten Investoren aller Zeiten. Ihnen ist gemeinsam, dass sie stets auf das Unternehmen schauen und sich nicht um den Gesamtmarkt kümmern. Der Gesamtmarkt kann über- oder unterbewertet sein. Es lassen sich aber oft einzelne attraktive Investitionsmöglichkeiten finden.

1.1.5 Der Zinseszins

Man hat Ihnen als Kind sicherlich erklärt, dass Sie, wenn Sie einen Cent besitzen und diesen in einem Jahr verdoppeln, 2 Cent haben.

Im 2. Jahr beginnen Sie nun mit 2 Cent, verdoppeln den Betrag und erhalten 4 Cent (bezogen auf das 1. Jahr ist das aber nun keine Verdopplung, sondern bereits eine Vervierfachung).

Wenn Sie diese Rechnung über einen Zeitraum von 27 Jahren fortsetzen – 0,01 – 0,02 – 0,04 – 0,08 – 0,16 – 0,32 – 0,64 – 1,28 – … –, würde Ihr Anfangskapital von 0,01 € aus dem 1. Jahr auf 1,34 Mio € im 27. Jahr anwachsen.

Aus der nachfolgenden Tabelle ersehen Sie, auf welchen Wert 100.000 € nach 10, 20 und 30 Jahren unter Berücksichtigung der Zinseszinsen anwachsen, wenn der Betrag mit einer Verzinsung von 5, 10, 15 bzw. 20% angelegt wird.

	5%	10%	15%	20%
10 Jahre	162.889	259.374	404.555	619.173
20 Jahre	265.329	672.749	1.636.653	3.833.759
30 Jahre	432.194	1.744.940	6.621.177	23.737.631

Ist das nicht erstaunlich? Eine Differenz von nur 5 bis 10 Prozentpunkten zeigt gewaltige Auswirkungen auf Ihren Gesamtgewinn. Ihre 100.000 € wären nach Ablauf von 10 Jahren, bei einer Rendite von 10%, 259.374 € wert.

Erhöhen Sie die jährliche Rendite auf 20%, so wachsen die 100.000 € im Laufe von 10 Jahren auf 619.173 € an; nach 20 Jahren auf 3.833.759 €. Bei einer jährlichen Rendite von 20% würden aus den 100.000 € nach 30 Jahren 23.737.631 € – eine noch viel beeindruckendere Wertsteigerung.

Der Unterschied, den ein paar Prozentpunkte über einen langen Zeitraum hinweg bewirken können, ist bemerkenswert. Buffett strebt nach der höchstmöglichen durchschnittlichen Jahresrendite über einen möglichst langen Zeitraum.

Bei Berkshire Hathaway gelang es ihm, das zugrunde liegende Reinvermögen seines Unternehmens in den letzten über 50 Jahren mit einer durchschnittlichen jährlichen Rendite von rund 20% zu steigern. Diese Leistung ist phänomenal und bisher von keinem anderen Investor erreicht.

Der Zinseszinseffekt liefert einen Schlüssel zum Verständnis von Warren Buffetts Anlage-Strategie. Die Zinseszinsrechnung ist leicht und einfach zu verstehen, doch aus unerklärlichen Gründen wird ihr von der Anlagetheorie viel zu wenig Bedeutung beigemessen. Warren Buffett misst dem Zinseszinseffekt den höchsten Stellenwert bei.

1.2 Die großen Investoren

1.2.1 Portrait Warren Buffett

Warren Edward Buffett, geboren am 30. August 1930 in Omaha, Nebraska (USA), ist der erfolgreichste Value-Investor aller Zeiten.

Der großväterliche, freundliche Milliardär

Warren Buffett ist der Großmeister aller Investoren. Während sein Lehrer Benjamin Graham eine sehr wechselhafte Geschichte hinter sich hatte, ist Buffett ein Musterbeispiel an Kontinuität.

Er lebt in Omaha, Nebraska, im „tiefsten Amerika" als zigfacher Dollarmilliardär noch in dem selben Haus, das er in den 1950er-Jahren für 31.500 $ gekauft hat. Warren Buffett fährt ein einfaches Auto, trinkt Coca-Cola (wo er Hauptinvestor ist) und pflegt auch sonst den einfachen American Way of Life.

Warren Buffett, der großväterlich-freundliche Milliardär mit den buschigen Augenbrauen, ist der wohl erfolgreichste Investor aller Zeiten. Sein riesiges Vermögen hat jedoch seinen Lebensstil kaum verändert.

In der technisierten Welt von heute arbeitet er auch heute noch ganz ohne Computer. Er liest viel, vor allem Zeitungen und Geschäftsberichte.

Eine Erfolgsgeschichte: Coca-Cola, Golfbälle und Flipperautomaten
Schon als Sechsjähriger begann er, mit allerlei Dingen zu handeln. Er kaufte für 25 Cents ein Sixpack Coca-Cola und verkaufte sie für 5 Cents je Flasche weiter. Diese 20% Gewinn strebte er auch in seiner weiteren geschäftlichen Karriere an. Später sollte seine Investment-Gesellschaft einen Anteil von etwa 8% an Coca-Cola halten.

Als Achtjähriger verschlang er Bücher über die Börse, schon mit 11 Jahren jobbte er bei dem Broker Harris Upham in Omaha.

„Ich las Millionen von Wörtern über dieses Thema, und sie waren im Grunde Mumbo Jumbo, Hokuspokus."

Mit 11 Jahren kaufte er seine ersten Aktien. Als Teenager ließ er von Klassenkameraden außerhalb der Golfplätze verirrte Bälle einsammeln, um sie danach an Golfer zurück zu verkaufen. Später gab er kurzzeitig eine Zeitschrift für Pferdewetten heraus, trug Zeitungen aus und betrieb Flipperautomaten.

The Intelligent Investor – Der Stein der Weisen
Den Stein der Weisen entdeckte Buffett später als Student bei seinem Professor Benjamin Graham, der es zuvor an der Wall Street zu gewisser Bekanntheit gebracht hatte.

Graham, der an der New Yorker Columbia University lehrte, hatte eine neue Investmenttheorie entwickelt. Dem Modell zufolge verfügen Aktien über einen „inneren" Wert, der unabhängig vom gerade an der Börse notierten Kurs ist.

Anders als der Tageskurs eines Unternehmens, definiert sich der „innere Wert" aus Kennziffern wie Umsatz, Wert der Anlagen und dem Cashflow. Die Kunst der Investition bestehe nun darin Aktien zu finden, die unter ihrem inneren Wert gehandelt werden, schrieb Graham 1949 in seinem Buch *„The Intelligent Investor"*. Graham gilt als der Urvater aller Value-Investoren.

Erst, als Buffett nach seinem ersten Studienabschluss auf „*The Intelligent Investor*" von Benjamin Graham stieß, hatte er seinen Value-Ansatz gefunden.

1950 ging er nach New York, um an der Columbia University bei Benjamin Graham seinen Master of Business Administration zu erwerben. 1952 heiratete Buffett in Omaha und begann als Value-Analyst in Grahams Investmentfirma.

Buffett Partnership Ltd.
1956 gründete er seine erste Investmentgesellschaft, die Buffett Partnership Ltd., eine Gesellschaft mit vier Familienmitgliedern und drei Freunden, die gemeinsam 105.000 $ aufbrachten. Buffett legte 100 $ hinzu und so begann die Partnership mit genau 105.100 $. Einzige Bedingung war: Er musste keinerlei fortlaufende Rechenschaft darüber abgeben, wie das Geld angelegt wird. Lediglich einmal im Jahr gab er Auskunft – an diesem Prozedere hat sich bis heute nichts geändert. Als Buffett die Partnership 1969 auflöste, war sie 105 Mio $ wert.

1962 begann Buffett Berkshire-Hathaway-Aktien für die Buffett Partnership zu kaufen.

1965 übernahm er die Kontrolle über Berkshire, als die Gesellschaft einen Marktwert von ungefähr 18 Mio $ hatte. Er begann die ehemalige Textilfabrik zu einer Investment-Holding umzubauen.

Berkshire Hathaway
Schon während Buffett von 1956 bis 1969 seine Investmentfirma Buffett Partnership führte, begann er in die marode Textilfirma Berkshire Hathaway zu investieren, 1965 übernahm er die restlichen Anteile. Berkshire Hathaway wurde nun zur Kernzelle eines Imperiums: 1967 kaufte Buffett zwei Versicherungen, später den sechstgrößten amerikanischen Autoversicherer Geico.

Bis heute hat das Unternehmen rund 90 Firmen übernommen oder große Beteiligungen an ihnen erworben. Zu der Holding gehören u. a. 11% des Kreditkartenunternehmens American Express, 8% von Coca-Cola, 8,5% des Rasierklingenherstellers Gillette, 17% der Washington Post Company sowie Beteiligungen an Wells Fargo und Walt Disney.

Zweites Standbein neben den großen Kapitalbeteiligungen sind Übernahmen von mittelständischen Unternehmen. Die Zeitung „Buffalo News" gehört zu Buffetts Imperium ebenso wie ein Süßigkeitenhersteller, mehrere Möbelhäuser, die Schuhfirma Dexter, der Schmuck- und Diamantenhändler Borsheims, Anteile am Flugzeugvermieter Executive Jet sowie 49% am Baseball-Team „The Omaha Golden Spikes".

1998 übernahm Berkshire Hathaway für 22 Mrd $ General Re, den viertgrößten Rückversicherer der Welt, zu dem auch die Kölnische Rückversicherung gehört. Zuvor hatte Buffett ca. 20% der weltweiten Silberproduktion – rund 4.000 Tonnen – gekauft und damit den Preis für das Metall kurzfristig in die Höhe getrieben. Insgesamt beschäftigen Buffetts Beteiligungsunternehmen rund 65.000 Mitarbeiter. In der Zentrale in Omaha arbeiten aber lediglich 20 Personen.

2009 übernahm Buffett Aktienpackete von der Rückversicherungsgesellschaft Munich Re, und auch 2010 fädelte er einen Megadeal ein. Er übernahm die Burlington Santa Fe Eisenbahn für rund 44 Mrd $.

Der Anteil von Warren Buffett am Unternehmen beträgt ca. 40%. Sämtliche Entscheidungen über Aktien- und Unternehmenskäufen werden von Buffett selbst getroffen – in Abstimmung mit seinem Stellvertreter, dem 7 Jahre älteren Charles Munger.

Heute ist Berkshire rund 360.000 Mrd $ wert. Mit seinem Anteil ist Buffett einer der reichsten Menschen der Welt. Dies erreichte er, obwohl er nie ein Produkt erfunden oder hergestellt hat. Sein Erfolg beruht allein auf seinen ausgesuchten Investitionen in Aktien nach dem Wert-Ansatz.

Mit einem Preis pro Aktie von rund 175.000 $ ist die Notierung von Berkshire Hathaway derzeit das teuerste Wertpapier an der Wall Street.

Vermögen mit Aktien

Warren Buffett hat auch viele andere Menschen reich gemacht. Wer 1956 für 7,50 $ eine Aktie des Unternehmens kaufte, ist heute ein reicher Mensch. Einmal im Jahr hält sein Unternehmen, Berkshire Hathaway, eine Hauptversammlung in Omaha ab, die mittlerweile volksfestartige Züge angenommen hat. Die Provinzstadt am Missouri wird dann für drei Tage zum „Woodstock für Kapitalisten".

Anders jedoch als bei dem legendären Rockfestival bekommen die Pilger keine Musik zu hören, sondern Weisheiten von unterschiedlicher Qualität: „*Man muss nichts über Zinsen wissen, um viel Geld zu verdienen*", oder „*Was das Jahr-2000-Problem für die Wall Street bedeutet? Keine Ahnung, aber es war vorhersehbar, zumindest seit 1985.*" „*An welcher Firma wir in Japan interessiert waren? Ihr Name fängt mit einem Buchstaben zwischen A und Z an.*"

Die Hauptversammlungen von Berkshire Hathaway sind anders als alle anderen Hauptversammlungen. Der offizielle Teil dauert nur wenige Minuten. Viel wichtiger ist eine sechsstündige Fragestunde mit Warren Buffett, dem „Orakel von Omaha". Buffett beantwortet geduldig die Fragen.

Die Versammlung in Omaha ist eine Mischung aus Ernsthaftigkeit und Slapstick. Im Rampenlicht der Scheinwerfer orakelt Warren Buffett über die Märkte, während Charlie Munger mit seinen dicken Brillengläsern regungslos verharrt und dann ein „*dem habe ich nichts hinzuzufügen*" oder „*besser könnte ich es nicht sagen*" von sich gibt.

100 $ heute sind 50.000 $ in 30 Jahren

Buffetts Geiz ist legendär. Für ihn sind 100 $ eben keine 100 $ heute, sondern 50.000 $ in 30 Jahren. Buffett hat den Effekt des Zinseszinses schon früh erkannt – in einer Zeit, in der Kinder und Jugendliche anderen Dingen nachgehen. Buffett ist ausschließlich durch solide Value-Investments zum viertreichsten Menschen der Welt geworden.

Das faszinierende an Buffetts Erfolgsgeschichte ist, dass alles öffentlich geschieht. Seine Transaktionen werden in seinen Geschäftsberichten von ihm persönlich kommentiert und erklärt. Jeder Investor kann das Vorgehen von Buffett genau verfolgen und studieren. In seinen legendären *„Briefen an die Aktionäre"*, bekommt der studierende die wesentlichen Dinge seines Value-Investmentstils vermittelt.

Buffett glaubt, dass man in seinem gesamten Leben nur die Aktien von zehn 10 bis 12 guten Unternehmen kaufen und diese liegen lassen muss. Er ist ein Gegner der zu großen Diversifikation, denn wenn man zu viele Aktien in seinem Portfolio hat, kann man die einzelnen Unternehmen nicht mehr genau genug verfolgen.

Buffetts Investitionsgrundsätze

■ **Geringe Diversifikation**
„Konzentrieren Sie Ihre Investments. Wenn Sie über einen Harem mit vierzig Frauen verfügen, lernen Sie keine richtig kennen."

Beschränkung auf wenige Werte. Ein Investor sollte sich jeden Kauf so genau überlegen, als ob er in seinem ganzen Leben nur 10 bis 12 Aktienkäufe tätigen könnte.

■ **Qualität zum günstigen Preis**
„Frage nicht nach dem Preis, den Du für ein Unternehmen zahlst, sondern nach dem Wert, den Du für Dein Geld bekommst."

Entscheidender Faktor ist der Unterschied des „wahren" bzw. „inneren" Wertes eines Unternehmens zum an der Börse notierten Marktwert (Kurs).

Oftmals liegt der „Markt" mit seiner Bewertung richtig – manchmal bieten sich jedoch Chancen, in dem der Markt zu Über- bzw. Untertreibungen neigt.

„Auch für hervorragende Unternehmen kann man zu viel bezahlen".

Ziel ist es, Top-Qualität, mit einem erheblichen Abschlag zum inneren Wert zu kaufen, frei vom Aktienmarkt, von Politik, Konjunktur und Wirtschaft.

■ Gute langfristige Aussichten
„Wenn ich eine Aktie einmal habe, gebe ich sie am liebsten nie wieder her."

Der langfristige Wert der Aktienbestände ist nur von dem wirtschaftlichen Fortschritt der Unternehmen bestimmt, nicht durch tägliche Marktnotierungen. Der Markt wird letztendlich die guten Zukunftsaussichten einer Gesellschaft akzeptieren.

■ Geduld
„Eine Aktie, die man nicht 10 Jahre zu halten bereit ist, darf man auch nicht 10 Minuten besitzen."

Aktien sollten möglichst für immer behalten werden, es sei denn, die Unternehmenslage hat sich radikal geändert. Der Value-Investor nutzt schwache Zeiten, um nachzukaufen.

■ Kauf eines Unternehmensanteils
„Wenn ich eine Aktie kaufe, stelle ich mir vor, ich würde ein ganzes Unternehmen kaufen, so als ob ich einfach den kleinen Laden an der Ecke kaufen würde."

Aktien sollten immer so gekauft werden, als ob ein ganzes Unternehmen gekauft wird, niemals ein bloßes Stück Papier.

■ Investor statt Spekulant

Buffett verachtet die Spekulanten. Der Spekulant versucht, von meist kurzfristigen Kursänderungen zu profitieren und diese vorherzusehen. Der Investor hingegen versucht, außergewöhnliche Unternehmen zu preiswerten Kursen zu kaufen; kurzfristige Marktbewegungen sind nicht vorhersehbar.

■ Kursverfall

„Kaufen Sie hervorragende Unternehmen mit vorübergehenden Problemen. "

Man sollte nicht im Aktienmarkt tätig sein, wenn man Teile seiner Aktienbestände nicht um 50% fallen sehen kann, ohne in Panik zu geraten. Ein vorübergehender Kursverfall von Top-Aktien sollte zu Käufen bzw. Nachkäufen genutzt werden, um die Bestände zu „verbilligen". Kursrückschläge sollten begrüßt werden, um Aktien preiswert hinzuzukaufen.

■ Einfache Entscheidungen

„Investieren Sie nur in eine Aktie, deren Geschäft Sie auch verstehen. "

Gute Geschäfte verlangen eine einfache Entscheidung, schwierige Geschäfte verlangen schwere Entscheidungen. Wenn die Entscheidung, ein Unternehmen zu kaufen, nicht einfach ist, wird es „fallen" gelassen.

„Man sollte in Unternehmen investieren, die selbst ein Vollidiot leiten könnte, denn eines Tages wird genau das passieren. "

Die wichtigsten Buffett-Kriterien

■ beständige, monopolähnliche Firmen
Unternehmen, die aller Wahrscheinlichkeit auch in Zukunft ihre führende
Rolle behaupten werden.

■ gute Marktstellung, bekannter Markenname
Starke Marken bilden einen Burggraben um ein Unternehmen. Dadurch sind
die Eintrittsbarrieren für neue Unternehmen sehr groß.

■ gute Wachstumsmöglichkeiten
Produkte, die nahezu in der ganzen Welt benötigt werden und dadurch weiterhin enormes Wachstumspotenzial haben.

■ aktionärsfreundliches Management
Ehrliche Manager die für ihre Aktionäre permanent Mehrwerte schaffen und
die erwirtschafteten Gewinne sinnvoll einsetzen.

■ hohe Kapitalrendite
Nach Möglichkeit eine Eigenkapitalrendite von 20%, 25% und mehr.

■ geringe Verschuldung
Wichtig ist die Kombination aus hoher Eigenkapitalrendite und geringen
Schulden. Ein Verschuldungsgrad unter 50% ist ein guter Wert.

■ kontinuierliches Gewinnwachstum
Ein Unternehmen, das seit vielen Jahren die Gewinne gleichmäßig steigert,
ist für die Zukunft sehr gut berechenbar.

■ hohe Gewinnmargen

■ hoher Free Cashflow
Um das Problem hoher Investitionen zu berücksichtigen, werden von dem
Cashflow die Sachinvestitionen abgezogen, und wir erhalten einen Netto-
Cashflow, das dem Unternehmen zur Verfügung steht.

1.2.2 Portrait Benjamin Graham

Buffett sagt über seinen eigenen Investmentstil:

„Ich bin 85% Benjamin Graham und zu 15% Fisher. Als ich Fisher traf, war ich von dem Mann genauso beeindruckt wie von seinen Ideen. Fisher war bescheiden, ähnlich wie Ben Graham, großzügig im Geist und ein außergewöhnlicher Lehrer. Obwohl Grahams und Fishers Anlagestrategie unterschiedlich ist, ist sie beim Investieren gleich."

Benjamin Graham (1894–1976) gilt als der Urvater der Wertpapieranalyse, insbesondere des Value-Investments. Er wird als der Papst der Finanzanalyse betrachtet. Seine Bücher sind Klassiker der Finanzliteratur. *„Intelligent Investieren"*, als Erstausgabe bereits 1949 erschienen, ist auch heute noch ein Bestseller. Graham machte erstmalig aus der Thematik der Geldanlage eine regelrechte Wissenschaft mit nachvollziehbaren Regeln.

Die Popularität Grahams, wie auch des Value-Investments, schwankt sehr stark mit den Aktienkursen. Bei steigenden Kursen werden Graham und sein Value-Ansatz oft vergessen, fallen sie, studieren die Analysten wieder seine Werke. Dies war auch in der jüngsten Börsenentwicklung wieder gut zu beobachten. Gerade seit dem Platzen der Technologieblase konzentrieren sich viele Investoren und Analysten nun wieder auf die wahren Werte, auf Value.

Benjamin Graham führte ein wechselvolles und schillerndes Leben. 1894 wurde er als Benjamin Grossbaum in London geboren. Die Familie wanderte aber bald nach New York aus und änderte während des ersten Weltkrieges ihren Namen in Graham. Deutsche Namen waren zu dieser Zeit in den USA sehr unpopulär. Sein Vater starb, als Ben erst 9 Jahre alt war. Die Familie war nicht versorgt, und so musste Ben mit Gelegenheitsjobs seine Familie und später sein Studium finanzieren. Er verfügte über eine umfassende Bildung und sprach Latein, Portugiesisch und Griechisch.

Privat liebte Graham den Tanz und gab einen großen Teil seines Geldes für die Unterrichtsstunden aus. Was seine Fangemeinde – meist konservative Anleger – bis heute irritiert, ist das Liebesleben ihres Lehrmeisters. Graham war dreimal geschieden und starb 1976 in Frankreich. Stabile Beziehungen fielen ihm sehr schwer. Eine bittere Erfahrung und Erkenntnis war, dass er trotz der 5 Kinder und 10 Enkelkinder niemals von ihnen um Rat gefragt wurde.

Der Börsencrash 1929

Als 20-Jähriger begann seine Laufbahn an der Wall Street. Für einen Wochenlohn von 12 $ schrieb er die Kurse von Aktien und Anleihen mit Kreide auf eine Tafel. Danach begann er mit der Bilanzanalyse, was zu diesem Zeitpunkt noch unüblich war. Zunehmend drängten nun aber die Banken auf fundierte Unternehmensanalysen.

1926 gründete Graham seine eigene Investmentgesellschaft. Das ihm anvertraute Vermögen wuchs von 450.000 $ bis zum Jahre 1929 auf 2,5 Mio $ an. Zu dieser Zeit kann sich der junge Graham leisten, ein Angebot des damals legendären Investors Bernard Baruch auszuschlagen. Aber auch Graham wird von dem Börsencrash 1929 erwischt und ruiniert. Trotzdem – oder gerade deshalb – bewies er mit einem konservativen Ansatz, dass sorgfältig ausgewählte Aktien besser sind als Anleihen.

Zu Beginn der großen Weltwirtschaftskrise fällt 1929 der Dow-Jones-Index um 15%. Als sich die Kurse Anfang 1930 wieder erholen, setzt Graham zu 100% auf Aktien – der größte Fehler seiner Karriere. Bis Ende 1930 sackte der Dow Jones um weitere 30% ab. Grahams Investmentpool büßte ganze 50% ein, und sehr viele Anleger zogen ihr Geld ab. Erst Ende der 1930er-Jahre konnte er die Verluste wieder aufholen. Graham war zweimal in seinem Leben finanziell am Ende. Das ist auch ein Grund für seine sicherheitsorientierte Strategie.

Grundlagen des Value Investing

Graham nutzte die schwere Zeit, um mit seinem ehemaligen Studenten David Dodd sein Hauptwerk „Security Analysis" zu schreiben. Das Werk erschien bereits 1934 und liefert auch heute noch viele wertvolle Einblicke. Graham ist der Begründer der modernen Fundamentalanalyse.

Graham beginnt sein Werk mit dem Zitat:

„Viele werden wieder aufstehen, die jetzt gefallen sind, und viele werden fallen, die in Ehren stehen. "

Nach 4 Jahren Arbeit erschien das Werk inmitten der größten Depression und einer Kursflaute an der Börse. Damals lautete die herrschende Meinung, dass nur Anleihen seriöse Investments seien. Aktien galten als reine Spekulation. Graham bewies, dass Aktien keine Casinochips sind, sondern einen inneren, wahren Wert haben.

Sein Musterschüler, Warren Buffett, gibt sein Buch *„The Intelligent Investor"* regelmäßig neu heraus und schreibt über das Buch: *„Mit Abstand das beste Buch, dass jemals für den Anleger geschrieben wurde".* Buffett besuchte die Columbia Universität nur, um Grahams Vorlesungen zu hören.

1.635% Rendite in 8 Jahren
1948 fädelt Graham seinen berühmtesten Kauf ein. Er investiert ganze 25% seines Kapitals in den Versicherer Geico. In den nächsten 8 Jahren erzielte er damit eine Rendite von 1.635%.

Heute ist sein Schüler Warren Buffett der größte Aktionär von Geico. 1956 löst Graham seine Firma auf und verkauft seine Geico-Anteile. Als er sich dann im Ruhestand befindet, rechnet er den Dow Jones über 50 Jahre nach und beweist, dass seine in der *„Security Analysis"* vorgestellte Theorie den Markt um mehr als das Doppelte geschlagen hätte.

Benjamin Graham starb 1976 im Alter von 82 Jahren. Er hinterließ ein Vermögen von „nur" 3 Mio $. Für Graham war die intellektuelle Herausforderung der Investition stets wichtiger als privater Reichtum. Viele andere Investoren haben mit den Methoden Grahams mehr materiellen Erfolg erzielt als er selbst.

Die Columbia Business School richtete 1988 den Lehrstuhl für Vermögensmanagement und Finanzen ein. Dieser Studienzweig ist dem Graham und

Dodd-Forschungsinstitut zugeordnet. Leider finden bis heute Grahams Theorien nur an wenigen Hochschulen den Einzug in die Lehrpläne. Buffett erklärt dies so:

„Es ist alles nicht kompliziert genug. Also bringt man den Leuten lieber etwas bei, das schwierig, aber unnütz ist. Wirtschaftsschulen belohnen komplexe Verhaltensformen mehr als einfache, aber die einfachen sind effektiver." ...

„Es ist für uns schon erstaunlich, wie viele Leute von Ben Graham gehört haben, sich aber nicht nach ihm richten. Wir machen aus unseren Prinzipien kein Geheimnis und schreiben viel darüber in unseren Jahresberichten. Die Prinzipien sind leicht zu lernen. Sie müssen auch leicht zu befolgen sein. Aber das einzige, was Leute wissen wollen, ist: Was kaufen Sie heute?"

Der innere Wert und die Sicherheitsmarge

In *„Security Analysis"* werden verschiedene Prinzipien für den Investor aufgestellt. Am wichtigsten ist die sogenannte Sicherheitsmarge (Margin of Safety): Der innere oder auch wahre Wert eines Unternehmens sollte über dem derzeitigen Marktwert liegen. Erst wenn der Börsenkurs deutlich unter dem wahren, inneren Wert notiert – es sich also um ein unterbewertetes Unternehmen handelt – gelangt das Unternehmen auf die Kaufliste.

Graham entwickelt Methoden, die jeder Anleger nachvollziehen und auch anwenden kann. Wertpapieranalyse ist für ihn keine Kunst, sondern ein Zweig der Mathematik. Sein Ansatz ist rein mathematisch und hat den großen Vorteil der Objektivität und der Regelhaltigkeit.

„Ein Investment liegt vor, wenn nach gründlicher Analyse in erster Linie Sicherheit und dann eine zufriedenstellende Rendite steht."

Graham kaufte grundsätzlich nur, wenn der börsennotierte Marktwert unter dem inneren, wahren Unternehmenswert lag.

Sein Motto: *„Zahle nur 50 Cent für einen Dollar."*

Dann wartete Graham so lange, bis der Markt den wahren Wert erkannte.

Graham gab einen weiteren wichtigen Rat:

„Anleger sollten immer so handeln, als ob sie ein ganzes Unternehmen kaufen und nicht ein Stück Papier. Der Anleger soll eine Aktie dann verkaufen, wenn der Kurs den fairen Wert erreicht hat. Das kann durchaus auch dann geschehen, wenn der faire Wert des Unternehmens sich verringert, weil sich die Zukunftsaussichten verschlechtert haben."

Grahams Regeln für den Anleger

➤ Achte nicht allzu sehr auf den Gesamtmarkt! Auch in einem teuren Markt gibt es Sonderangebote.

➤ Kaufe niemals eine Aktie, nur weil sie gerade gestiegen oder gefallen ist.

➤ Kaufe eine Aktie, als würdest Du das ganze Unternehmen kaufen. Strebe nicht nach dem schnellen Gewinn. Suche nach Unternehmen, deren Aktien Du ein ganzes Leben lang halten kannst.

➤ Suche nach spezifischen Zeichen für Value (Wert). Die attraktivsten Aktien haben ein unterdurchschnittliches KGV, eine hohe Dividendenrendite, und ihre Gewinne haben sich in den letzten 10 Jahren verdoppelt.

➤ Konzentriere Dich auf Qualität. Anfänger sollten nur Standardwerte mit langjährigem Gewinnwachstum kaufen.

➤ Diversifiziere mit Aktien und Anleihen. Mindestens 25% des Geldes sollte in Cash und Anleihen liegen. Halte mindestens 8 Aktien.

➤ Vor allem: Denke selbst und sei geduldig. Die größten Gewinne kommen aus unterbewerteten Wachstumsaktien, die 5 Jahre oder länger gehalten werden.

Kriterien zur Bewertung

➤ Die Ertragsrendite sollte mindestens doppelt so hoch sein wie die durchschnittliche Rendite von Anleihen.

➤ Das KGV der Aktie sollte weniger als 40% des höchsten KGV der vergangenen 5 Jahre betragen.

➤ Die Dividendenrendite sollte mindestens 2 Drittel der Anleihenrendite betragen.

➤ Der Aktienkurs sollte nicht mehr als 2 Drittel des Buchwertes betragen.

➤ Die Börsenkapitalisierung des Unternehmens sollte höher sein als 2 Drittel des Nettoumlaufvermögens.

Kriterien zur Sicherheit

➤ Das Fremdkapital sollte das Eigenkapital nicht übersteigen.

➤ Das Umlaufvermögen sollte mindestens doppelt so hoch sein wie die kurzfristigen Verbindlichkeiten.

➤ Das Fremdkapital sollte geringer sein als das zweifache Nettoumlaufvermögen.

➤ Das Gewinnwachstum sollte in den vergangenen 10 Jahren durchschnittlich mindestens 7% betragen haben.

➤ In den letzten 10 Jahren sollten Gewinnrückgänge nicht mehr als zweimal bis 5% betragen haben.

Verkaufsregeln

Verkaufe, wenn

➤ die Aktie über 50% gestiegen ist

➤ die Dividende ausfällt

➤ durch das Absinken der Gewinne pro Aktie der Zielkurs so stark fällt, dass der aktuelle Kurs 50% über dem neuen Ziel-Kurs liegt,

oder

➤ die Aktie 2 Jahre gehalten wurde und keines der Kriterien eine Verkaufsentscheidung bewirkt hat.

Ein Rat an junge Investoren

In einem Interview antwortete Graham auf die Frage, welchen Rat er jungen Anlegern geben würde: *„Ich glaube, wir können mithilfe einiger Techniken und einfacher Prinzipien erfolgreich arbeiten. Das Wichtigste ist, sich für die richtigen Grundprinzipien zu entscheiden und über genügend Charakterstärke zu verfügen, um ihnen treu zu bleiben."*

1.2.3   Portrait Philip A. Fisher

Phil Fisher konzentrierte sich ausschließlich auf potenzielle Wachstumsaktien zu einem guten Preis, um sich anschließend zurückzulehnen und die Aktien über einen langen Zeitraum zu halten. Fisher war ein Pionier der modernen Investment-Theorie.

„Ich möchte nicht viele gute Investments besitzen. Ich möchte einige wenige hervorragende Investments besitzen."

Phil Fisher gilt als einer der beiden großen Lehrmeister des legendären Warren Buffett.

Bereits im Jahre 1958 stellte er seine „Profi-Investment-Strategie" vor, die auch nach mehr als vierzig Jahren nichts an Bedeutung und Gültigkeit eingebüßt hat.

Sein Leben

Phil Fisher wurde am 8. September 1907 geboren. Sein Vater war ein engagierter Chirurg, der sich mehr um humanitäre Belange kümmerte als um Reichtum. Da er meistens bescheidene Gebühren verlangte, hatte die Familie nur ein mittelmäßiges Einkommen.

Phil Fisher erinnerte sich: „Als ich ca. 12 oder 13 Jahre alt war, erfuhr ich das erste Mal etwas über den Aktienmarkt." Er betrachtete den Aktienmarkt damals als ein Spiel, das ihm die Chance bieten könnte, eine Menge Geld zu gewinnen.

Fisher war ein sehr kluger Schüler und schrieb sich bereits mit 15 Jahren ins College (übliches Eintrittsalter: 18 Jahre) ein – und einige Jahre später besuchte er die Stanford Graduate School of Business. Einer seiner Professoren, Dr. Emmett, war ein Management Consultant, der einzigartige Vorlesungen in Business Management gab.

Fisher erzählte über diese Kurse: „Anstatt der normalen Vorlesungsatmosphäre besuchte unser Kurs jeden Mittwoch verschiedene Unternehmen in der Bay Area. Wir besichtigten die Einrichtungen der Unternehmen. Nach der Besichtigung befragte Dr. Emmett die Manager über ihre Geschäftsstrategien und über die Führung des Betriebes. Wir hörten zu."

Diese Kurse prägten Fisher für seine gesamte Investmentkarriere. Er lernte, Interviews zu führen und die Grundlagen eines erfolgreichen Unternehmens zu erkennen: Qualitätsmanagement, Produkte und Marketing. Während einer dieser Exkursionen beeindruckten Fisher die Manager, die Produkte und das Gewinnpotenzial zweier Unternehmen, die sich in Nachbarschaft zueinander befanden, besonders. Sie sollten von besonderem Wert während seiner Zeit als Fondsmanager werden.

Anfangs arbeitete Fisher als Wertpapieranalyst. 1931 gründete er während der Weltwirtschaftskrise sein eigenes Unternehmen als Fondsmanager. 1933 kämpfte er noch immer, um seinen Lebensunterhalt zu bestreiten. Der Aktienmarkt stand auf dem niedrigsten Niveau, der Dow Jones brach zwischen 1929 und 1932 um 89 % ein. Investoren erlebten den schlimmsten Bärenmarkt in der Geschichte der USA.

Eine gefallene Aktie zog Fishers Aufmerksamkeit besonders auf sich. Die beiden Unternehmen, die Fisher damals bei seinen Exkursionen mit Dr. Emmett beeindruckten, hatten sich mit einem dritten Unternehmen zusammengeschlossen und waren an die Börse gegangen. Das Unternehmen nannte sich Food Machinery, heute unter FMC bekannt.

Die Aktie war von einem Hoch von 50 $ auf 4 $ gefallen. Fisher jedoch kannte FMC. Er wusste, dass FMC von einem guten Management geführt wurde und hervorragende Produkte hatte. Auch in der schwierigen Situation glaubte er an die guten Gewinnaussichten des Unternehmens. Er ergriff die Gelegenheit und kaufte für seine Kunden und sich Aktien.

Die Wirtschaft erholte sich von der Depression, der Markt drehte und FMC wurde ein großer Gewinner für Fisher. Fisher bemerkte: *„Ich hielt die Aktie bis zu dem Zeitpunkt, an dem ich dem Unternehmen nicht mehr die Wachstumsraten zutraute, die es in früheren Jahren aufwies. Ich verkaufte die Aktien meiner Kunden und meine eigenen. Mein Gewinn überstieg das 50fache meines Einkaufspreises.“*

Drei Generationen Fisher
Zwei Familienmitglieder sind in seine Fußstapfen getreten. Sein Sohn Ken wurde Fondsmanager, und sein Enkelsohn schrieb mit 16 Jahren für junge Anleger ein Buch über den Aktienmarkt. Ken Fisher ist Gründer, Vorsitzender und CEO von Fisher Investments.

Er erlernte den Investmentstil seines Vaters, entwickelte dann aber seinen eigenen Stil. Ken legt mehr Wert auf Finanzkennzahlen und wertet die ökonomischen und technischen Statistiken, den Geschäftsausblick, die Zinsen und die allgemeinen Aktienindikatoren aus. Der fundamentalen Unternehmensbewertung ist er aber immer treu geblieben.

Profi-Investment-Strategie

Bereits 1958 stellte er in seinem Buch „Die Profi-Investment-Strategie" seine Investmentmethode vor, die auch nach mehr als 40 Jahren noch nichts von ihrer Gültigkeit verloren hat. Viele professionelle Anleger werden auch heute noch durch Fishers Methoden beeinflusst.

Warren Buffett: „Ich besuchte Phil Fisher, nachdem ich „Die Profi-Investment-Strategie" gelesen hatte. Ich war beeindruckt von dem Mann und seinen Ideen. Mit Phils Methoden lernt man, das Anlagegeschäft wirklich zu durchschauen und sein Geld intelligent anzulegen. Ich bin ein begeisterter Leser der Profi-Investment-Strategie und kann sie nur jedem empfehlen."

Die Gerüchteküche

Um seine Unternehmen zu finden, ging Fisher in drei Schritten vor:

■ Schritt 1: Informationen sammeln

Fisher las alles, was er nur finden konnte, über ein Unternehmen. Er las Publikationen wie Forbes, Fortune, Barron's und The Wall Street Journal. Doch er bekam seine Investment-Ideen in erster Linie durch Gespräche mit Investmentfachleuten und Geschäftsleuten. Er studierte Unternehmensberichte und Aktienanalysen.

■ Schritt 2: Die Informationen bewerten

Um zu entscheiden, welches Unternehmen seine Kriterien traf, stellte Fisher folgende Fragen:

➤ Hat das Unternehmen einen hervorragenden CEO und ein starkes Managementteam?

➤ Berichtet das Management den Aktionären bei Problemen genauso aufrichtig wie bei guten Nachrichten?

➤ Kann das Management eine innovative Geschäftsstrategie und innovative Produkte aufweisen?

➤ Verpflichtet sich das Unternehmen langfristig zur Herstellung hochwertiger Produkte mit einem bedeutenden Wert für die Kunden?

➤ Unterhält das Unternehmen exzellente Beziehungen zu Kunden und Mitarbeitern?

➤ Hat das Unternehmen einen Wettbewerbsvorteil und die Fähigkeit, mit Veränderungen fertig zu werden?

➤ Wird das Unternehmen effektiv geführt – mit guten und ständigen Gewinnmargen sowie steigenden Umsätzen und Gewinnen?

➤ Hat die Aktie einen vernünftigen Preis relativ zum langfristigen Gewinnpotenzial und zukünftigen Aktienkurs?

Er suchte Unternehmen mit einem innovativen Management, das eine Reihe erfolgreicher Leistungen aufweisen konnte. Er las den Bericht des CEOs und die Diskussionen des Managements im Geschäftsbericht. Er analysierte die Zahlen, die Aktivitäten in der Forschung und Entwicklung, die Zielsetzung und das Geschäftsrisiko. Bei der Bewertung der Unternehmensbilanzen waren ihm geringe Schulden und gute finanzielle Stabilität wichtig.

Die Methode der „Gerüchteküche" prägte Fisher. Mit dem Bewusstsein, dass Investieren eine Kunst und keine Wissenschaft ist, versuchte Fisher ein möglichst vollständiges Bild seines Kaufkandidaten zu bekommen. Er suchte Informationen aus erster Hand von Menschen, die mit dem Unternehmen in Beziehung stehen oder standen. Er nannte es „das Geheimnis der Gerüchteküche".

Wenn er mit dem Background-Research fertig und mit Informationen gerüstet war, traf sich Fisher mit dem Top-Management des Unternehmens. Das angesammelte Wissen und die Kenntnisse über das Unternehmen gaben ihm die Möglichkeit, passende Fragen zu stellen:

➤ Welchen langfristigen Problemen sieht sich das Unternehmen gegenüber und wie wird es damit umgehen?

➤ Welche Planungen bestehen in Forschung und Entwicklung?

➤ Was wird unternommen, um bestimmte gegenwärtige Geschäftsprobleme zu überwinden?

➤ Wie werden sich Veränderungen beim Kaufverhalten der Konsumenten auf das Unternehmen auswirken?

➤ Wie werden sich Geschäftstrends und ökonomische Bedingungen in Ländern, in denen die Geschäfte betrieben werden, auf die internationale Tätigkeit auswirken?

■ **Schritt 3: Die Entscheidung**
Bevor Fisher eine Aktie kaufte versicherte er sich, ob er genügend Informationen gesammelt hat und ob all seine Fragen genügend beantwortet sind. Das Unternehmen sollte zudem seine Kriterien treffen. Fisher kaufte nur Aktien, wenn er überzeugt war, dass das Unternehmen ein hervorragendes langfristiges Gewinnpotenzial hat. Er bewertete den Preis in Bezug auf das zukünftige Gewinnpotenzial.

Fisher kaufte Aktien, bevor andere Investoren den Wert des Unternehmens erkannten und auch dann, wenn viele Investoren negativ zum Unternehmen eingestellt waren. Fisher war nicht daran interessiert, ob andere mit ihm einer

Meinung waren. Ihm war wichtig, ob er sorgfältig recherchiert hatte und er sich über das Investment sicher war.

Er kaufte Aktien während eines allgemeinen Rückgangs des Aktienmarkts oder wenn die Aktie zeitweise aufgrund eines schlechten Quartals oder wegen Geschäftsproblemen, die er für temporär hielt, fiel.

Er beobachtete seine Investments, las Geschäftsberichte und Aktienanalysen. Er besuchte weiterhin die Unternehmen. Gab es Geschäftsprobleme, versuchte er herauszufinden, was das Management unternahm, um die Lage zu korrigieren.

Fisher verkaufte, wenn das Unternehmen nicht mehr seinen ursprünglichen Kaufkriterien entsprach oder wenn er glaubte, dass er einen Fehler gemacht hatte. Fisher beschäftigte sich immer sehr intensiv mit seinen Unternehmen.

Fishers 15-Punkte-Katalog
Punkt 1: Bietet das Unternehmen Produkte oder Dienstleistungen an, deren Marktpotenzial zumindest für einige Jahre nennenswerte Umsatzsteigerungen möglich macht?

Punkt 2: Ist das Management entschlossen, kontinuierlich Produkte oder Prozesse zu entwickeln, die das Umsatzpotenzial insgesamt weiter steigern, auch nachdem das Wachstumspotenzial gegenwärtig attraktiver Produktlinien zum großen Teil erschöpft ist?

Punkt 3: Wie effektiv sind die Aktivitäten eines Unternehmens im Bereich Forschung und Entwicklung im Verhältnis zu seiner Größe?

Punkt 4: Verfügt das Unternehmen über eine überdurchschnittliche Vertriebsabteilung?

Punkt 5: Weist das Unternehmen eine lohnende Gewinnspanne auf?

Punkt 6: Was tut das Unternehmen, um seine Gewinnspanne aufrechtzuerhalten oder zu verbessern?

Punkt 7: Sind die industriellen Beziehungen und die Personalführung des Unternehmens hervorragend?

Punkt 8: Ist das Klima in der Führungsetage des Unternehmens optimal?

Punkt 9: Ist das Management des Unternehmens ausreichend tief gestaffelt?

Punkt 10: Wie gut sind Rechnungswesen und Finanzbuchhaltung?

Punkt 11: Gibt es weitere branchenspezifische Aspekte, die dem Anleger wichtige Hinweise auf die Wettbewerbsposition des Unternehmens geben können?

Punkt 12: Plant das Unternehmen kurz- oder langfristige Gewinne?

Punkt 13: Wird das Wachstum des Unternehmens in der näheren Zukunft ein solches Ausmaß an Aktienfinanzierung erfordern, dass die größere Zahl der dann im Umlauf befindlichen Aktien den Nutzen des Altaktionärs aus dem antizipierten Wachstum minimieren wird?

Punkt 14: Äußert sich das Management in guten Zeiten freimütig gegenüber Investoren, wird aber verschlossen, wenn es zu Schwierigkeiten und Enttäuschungen kommt?

Punkt 15: Ist das Management des Unternehmens integer?

1.2.4 Portrait Peter Lynch

Sein weißes Haar spiegelt viel Lebenserfahrung wider, und sein kantiges Gesicht lässt den Strategen in ihm vermuten. Peter Lynch ist der erfolgreichste Fondsmanager der Welt. 13 Jahre lang führte er den berühmten Fidelity Magellan Fund. In dieser Zeit erzielte er mit dem Fond eine sagenhafte Rendite von durchschnittlich 29% pro Jahr. Mit diesen Erfolgen machte Lynch die Aktienanlage in den 1980er-Jahren sehr populär.

Vom Caddy zum Fondsmanager

Peter Lynch (1944) aus Boston gehört in die Riege der Wachstumsinvestoren. Bereits während seines Studiums investierte er erfolgreich in Aktien. Er investierte 1.250 $ in das Luftfrachtunternehmen Flying Tiger Line. Durch den Vietnamkrieg wurden alle Frachtmaschinen gebraucht, und die Unternehmen erwirtschafteten sehr gute Ergebnisse. Die Aktien stiegen, und Lynch hatte einen großen Gewinn. Mit dem Aktiengewinn konnte er sich sein Studium an der Wharton School of Finance finanzieren. Lynch schloss sein Studium 1968 mit dem Master of Business Administration (MBA) ab.

Später ging er nicht an die Wall Street, sondern blieb seiner Heimatstadt treu, weil hier das Zentrum für Aktienfonds war. Er jobbte auf einem Golfplatz als Caddy und lernte dort auch seinen späteren Chef, den damaligen Fidelity-Präsidenten D. George Sullivan kennen. Zunächst bekam Lynch nur einen Sommerjob bei Fidelity. Später, nach seinem Militärdienst, begann er als Wertpapieranalyst für Metallunternehmen. Nach einem Jahr gab man ihm eine Gehaltserhöhung um 1.000 $ auf 17.000 $. Dennoch lehnte Lynch zum damaligen Zeitpunkt ein Angebot eines Brokers von 55.000 $ ab. 1974 wurde er Chef der Fidelity eigenen Researchabteilung. Kurz darauf folgte der Aufstieg in das Investmentkomitee. Schließlich übernahm er 1977, im Alter von nur 33 Jahren, einen damals kleinen Fond, den Magellan Fund.

Fidelity Magellan Fund

Der Magellan-Fund wurde schon 1963 gegründet, erlebte jedoch unter Peter Lynch seine Glanzzeit. Er wurde von seinem Gründer nach dem portugiesischen Entdecker benannt.

Von 1977 bis 1990 managte Peter Lynch den Magellan-Fund und erreichte die phantastische Rendite von 29% pro Jahr. Die durchschnittliche Jahresrendite übertraf in diesem Zeitraum den S&P 500 Index um fast das Doppelte. Selbst im Crashjahr von 1987 schaffte Lynch noch ein Plus von 1%. In den 13 Jahren seines Managements wurden aus 10.000 $, die in seinem Fond angelegt waren, 280.000 $. Das verwaltete Vermögen wuchs in diesem Zeitraum von 22 Mio $ auf 12 Mrd $.

Lynch machte den Fond zu dem größten Aktienfond der Welt. Kritiker warnten damals vor der immensen Fondgröße. Lynch wollte nun beweisen, dass auch ein sehr großer Fond den Markt deutlich schlagen kann – und es gelang ihm eindrucksvoll. Das von ihm betreute Anlagevolumen entsprach dem Bruttosozialprodukt von Ecuador. Der Fond war zu Lynchs Zeiten derart berühmt, dass jeder 250ste Amerikaner durchschnittlich 13.000 $ investiert hatte. Zum Schluss vertrauten ihm mehr als eine Million Anleger ihr Geld an.

Das plötzliche Ende nach 15.000 Aktien
In seiner Zeit bei Magellan kaufte Lynch die Aktien von über 15.000 Unternehmen. In Spitzenzeiten hielt er gleichzeitig ca. 1.500 verschiedene Aktien, wobei die 100 größten Werte etwa 50% des Portfolios ausmachten. Lynch war ständig in Hektik und schichtete seinen Fond um. Es gab oftmals Aktien, die er nicht einmal für einen Monat hielt. Seine Umschlagsrate betrug häufig über 300% pro Jahr. Das heißt, er wechselt seinen Aktienbestand im Schnitt mehr als dreimal pro Jahr vollständig aus.

Am 31. Mai 1990, als er erst Mitte 40 war, versetzte der Superstar Lynch die Öffentlichkeit in großes Erstaunen. Er beendete seine erfolgreiche Karriere als Investment-Manager und beschränkte sich darauf, hin und wieder öffentliche und gemeinnützige Organisationen bei ihrer Geldanlage zu beraten. Wie er sich selbst ausdrückte, hatte er genug Geld verdient und wollte nun mit seinem Wissen etwas für das Allgemeinwohl unternehmen. Peter Lynch verdiente bei Fidelity bis zu 10 Mio $ pro Jahr.

„Man erinnert sich dann plötzlich daran, dass noch nie jemand auf seinem Sterbebett gesagt hat: Ich wünschte, ich hätte mehr Zeit im Büro verbracht."

Lynch hatte es sich auch zum Ziel gemacht, die Aktienanlage für jedermann verständlich in Büchern und auf Konferenzen zu erklären. Heute ist er ein sehr gefragter Referent und Autor zahlreicher Bestseller. Er legt heute das Geld für wohltätige Organisationen ehrenamtlich an.

Kombination aus Kunst und Wissenschaft

Lynch nennt seine Methode „Eyes- and Ears-Investing" womit er sinngemäß meint: Investiere mit Augen und Ohren! Er predigt die einfachen Anlage-Entscheidungen und setzt dabei auf kleinere Wachstumsunternehmen: Small Caps.

Er ist ein klassischer Stockpicker und kümmert sich nicht um die Richtung des Marktes. Er investiert in jedem noch so schwierigen Umfeld, in einzelne, attraktiv bewertete Unternehmen.

„Die Aktienwahl ist sowohl eine Kunst als auch eine Wissenschaft."

Einige Unternehmen werden von der Bildfläche verschwinden. Andere werden ihren Wert halbieren. Und noch andere werden sich verzehn- oder verdreißigfachen. Bei dem einzelnen Investment ist das Verlustpotenzial begrenzt, während das Gewinnpotenzial unbegrenzt ist.

Nach Lynch muss man in seiner Investmentkarriere nur wenige Male das Geschick haben, Aktien zu finden, die sich verzehn-, verzwanzig- oder verfünfzigfachen. Lynch nennt das Ten-, Twenty- oder Fifty-Baggers. (Bag kommt vom Englischen „Tasche". Bei einem Twentybagger hat der Anleger nachher das 20fache der Investition in der Tasche.)

„Jeder kann mit Aktien reich werden, wenn er seine Hausaufgaben macht."

Lynch bevorzugt – wie auch Buffett – die Unternehmen mit Produkten, die einfache Konsumgüter darstellen und die jedermann kennt oder gebrauchen könnte. Er ist fest davon überzeugt, dass sich solche Kaufgelegenheiten in der unmittelbaren Nähe eines jeden Anlegers befinden. Peter Lynch besuchte immer wieder Einkaufszentren und entdeckte dort einige seiner besten Investments (Body-Shop, Wal-Mart, Toys„R"Us, Home Depot, Taco Bell etc.).

Viele seiner besten Investments entsprangen dabei dem gesunden Menschenverstand. Jeder kann nach seiner Auffassung im täglichen Leben nach neuen Produkten oder Geschäftskonzepten Ausschau halten und erstklassige Investments herausfiltern.

Natürlich machte Lynch auch viele Fehler, aber er war ständig bemüht, aus diesen Fehlern zu lernen. Er führte über seine Investmentideen Tagebuch.

„Meine Tagebücher sind voll von verpassten Gelegenheiten, aber der Aktienmarkt ist nachsichtig – der Einfaltspinsel erhält immer eine zweite Chance. Fondsmanager und Sportler haben eines gemeinsam: Auf lange Sicht sind sie erfolgreicher, wenn man sie langsam aufpäppelt."

100 Steine, aber nur 10 Ideen
Lynch galt als sehr arbeitssüchtig, er begann seine Arbeitstage regelmäßig um 6 Uhr morgens. In den ersten Jahrzehnten seiner Ehe machte er nur zweimal Urlaub.

Lynch war stets ein Einzelkämpfer, der nur von 2 Mitarbeitern unterstützt wird. Sein Arbeitsstil gilt als äußerst effizient. Die Telefonate mit den Brokern beschränkt er auf exakt 90 Sekunden Länge. Nach genau dieser Zeit ertönt ein Zeichen und Lynch beendet das Gespräch.

Lynch sucht ständig nach neuen Chancen. Hat er ein interessantes Unternehmen gefunden, stürzt er sich sofort auf die gesamte Branche. Er kaufte dann oftmals sofort eine ganze Reihe von Aktien. Erst im zweiten Schritt machte er sich nähere Gedanken und strich diese Auswahl wieder zusammen.

„Ich drehe 100 Steine um und finde vielleicht 10 Ideen. Wer die meisten Steine umdreht, der gewinnt das Spiel."

Lynch spottet über Gesamtmarktanalysen, für ihn ist Dreh- und Angelpunkt seiner Investmententscheidung das einzelne Unternehmen. Immer wieder sucht er kleine Unternehmen, mit denen er große Renditen erzielen kann. Hat er ein Unternehmen mit 200, 300 oder 500% Gewinn, gleicht das den Verlust vieler seiner anderen Investments aus.

Wer eine Investmentidee hat, die nicht funktioniert, sollte nach seiner Auffassung schnell wieder verkaufen. Lynch richtet sich nicht nach der Regel: Kaufe niedrig und verkaufe hoch – im Gegenteil, er hat keinerlei Angst gute Aktien auch zu sehr hohen Kursen zu erwerben. Umgekehrt ist für ihn eine Aktie, die stark gefallen ist, lange noch keine Kaufposition, denn nicht alle Aktien, die fallen, steigen auch wieder.

Ähnlich wie Waren Buffett kauft Lynch nur wenige Technologieunternehmen, da er glaubt, deren Geschäft nicht zu verstehen. Von vermeintlichen Geheimtipps oder Turnaround-Aktien hält Lynch wenig.

Peter Lynch teilt Aktien in verschiedene Arten ein und gibt Hinweise, worauf in den einzelnen Rubriken geachtet werden sollte.

Aktien mit schwachem Wachstum

Diese Aktien sollten nur wegen der Dividende gekauft werden. Den Anleger interessiert dabei, ob das Unternehmen die Dividende regelmäßig zahlt und stetig erhöht.

Aktien mit starkem Wachstum

Folgende Fragen sollten hierbei vom Anleger beantwortet werden können:

➤ Wie viel Prozent macht das Hauptprodukt vom gesamten Umsatz aus?

➤ Verfügt das Unternehmen über ein starkes Gewinnwachstum in den letzten Jahren?

➤ Ist das Unternehmenskonzept an vielen Orten multiplizierbar?

➤ Das KGV sollte mindestens gleich der Wachstumsrate sein, besser sogar: KGV < Wachstumsrate.

➤ Beschleunigt sicht sich die Expansion?

Aktien mit stetigem Wachstum
➤ Das KGV gilt hier als Preisindikator.

➤ Bei diesen Aktien ist die langfristige Wachstumsrate entscheidend.

Darüber hinaus sollte der Anleger prüfen, wie sich das Unternehmen in vergangenen Rezessionen verhalten hat.

Zyklische Aktien
➤ Vor einem Investment sollte der Zyklus unbedingt vom Anleger erkannt sein.

➤ Die aktuelle Angebot-Nachfrage-Relation ist hier entscheidend. Trotz einer Erholung des Kurses sinkt das KGV.

Turnaround-Aktien
Vor einem Engagement in diese Aktienart sollte der Investor Folgendes unbedingt prüfen und berücksichtigen:

➤ Wie hoch sind die flüssigen Mittel?

➤ Wie hoch sind die langfristigen Verbindlichkeiten?

➤ Wie teilen sich die Schulden genau auf?

➤ Wie lange bleibt dem Unternehmen mit den vorhandenen Barreserven noch Luft?

➤ Wie könnte die Firma gerettet werden, gibt es genaue Konzepte hierzu?

➤ Hat sich die Gesellschaft bereits von unrentablen Betriebsteilen getrennt?

➤ Erhält das Unternehmen wieder neue Aufträge?

➤ Sind noch (weitere) Kostensenkungspotenziale vorhanden?

Der erfolgreichste und wohl auch populärste Fondsmanager der Geschichte resümiert: *„Wenn man anfängt, Freddie Mac und Fannie Mae mit seinen Kindern zu verwechseln und sich an 2.000 Aktienkürzel erinnert, aber die Geburtstage seiner Freunde und Verwandten vergisst, dann wünscht man sich plötzlich mehr Schulaufführungen, Skiausflüge und Fußballspiele erlebt zu haben. Das Leben bietet mehr als Aktien und Renten.“*

1.2.5 Portrait Sir John Templeton

Sir John Templeton (29.11.1912–08.07.2008) ist der Christoph Columbus der Investoren. John Templeton erkannte als einer der ersten Fondsmanager die enormen Möglichkeiten der weltweiten Investmentanlage. Mit Pioniergeist, Weitsicht, Mut und Logik erschloss er Schritt für Schritt neue Märkte und Länder.

Seine Strategie wird heute noch in der Franklin Templeton Gruppe, einer der erfolgreichsten Investmentgesellschaften der Welt, konsequent angewandt. Der Templeton Fonds wurde 1940 von Sir John Templeton in New York gegründet.

Der legendäre Templeton Growth Fund wurde bereits 1954 aufgelegt und erzielte bis 1992 eine durchschnittliche Rendite von 14,2% p. a.

Sein Lebensweg

John Templeton wurde 1912 im ländlichen Winchester, Tennessee geboren. Seine Eltern vermittelten ihm Werte, die für ihn immer gültig blieben – Integrität, Nächstenliebe, Enthusiasmus, Disziplin und Bescheidenheit. Seine Mutter lehrte ihn, auf Gott zu vertrauen und selbstbewusst zu sein. Diese Eigenschaften halfen ihm, die Herausforderungen des Lebens zu bestehen und gaben ihm die Fähigkeit, die positiven Aspekte im Leben zu sehen.

Schon während seiner Schulzeit untersuchte er die Lebensweise Industrieller. Ihn faszinierte, wie sich Geld vermehren konnte. Templeton spielte stundenlang mit Zinseszinstabellen.

Noch in späteren Jahren sprach er immer wieder vom Wunder des Zinseszins.

„Lernen Sie zu investieren, lernen Sie die Risiken und Chancen zu erkennen und beginnen Sie so früh wie möglich mit Ihren Investitionen. Profitieren Sie von der Macht des Zinseszins."

Mit elf entschloss er sich, reich zu werden. Als Zehntklässler während seiner Highschool-Jahre fing er an, sich für den Aktienmarkt zu interessieren. Er beobachtete die enormen Schwankungen der Aktienkurse und schloss daraus, dass der Unternehmenswert nicht in diesem Maße schwanken konnte.

„Ich erkannte, was ich später machen könnte: Den Wert eines Unternehmens beurteilen und Menschen beraten. Für sie den Preis einer Aktie in Relation zum Unternehmen bewerten."

John Templeton belegte Wirtschaftswissenschaften in Yale, graduierte als Zweiter in seinem Fach und erhielt ein Rhodes-Stipendium. Während seines Jurastudiums in Oxford bereitete er sich auf seinen zukünftigen Beruf als Investmentberater vor. Fast drei Jahre bereiste er 35 Länder in Europa und Japan, um soviel wie möglich zu lernen, was ihm zukünftig nützlich sein könnte, den Unternehmenswert im weltweiten Zusammenhang zu beurteilen.

„Viele Produkte stehen weltweit im Wettbewerb. Man muss die Industrie weltweit kennen, bevor man eine richtige Einschätzung über das zukünfige Gewinnwachstum machen kann."

Nach Abschluss seines Jurastudiums in Oxford kehrte Templeton wieder in die Vereinigten Staaten zurück. Er wurde Anlageberater in einer neu gegründeten Abteilung einer Investmentbank. 1940 eröffnete er sein eigenes Beratungsgeschäft. Zuerst arbeitete er für private Kunden, 1954 startete er seinen ersten globalen Fond. Weitere Fonds folgten.

Vorausschau, Geduld und der Contrarian-Ansatz
John Templeton teilt seine Strategie in drei Phasen.

■ 1. Phase: Das Sammeln von Informationen
Als Fondsmanager las er Publikationen wie *The Wall Street Journal*, *Forbes* und *Barrons*. Er nutzte die Researchberichte von *Valueline*, studierte Geschäftsberichte sowie Berichte über die allgemeinen Wirtschaftszusammenhänge. Mit seinem Team suchte er unterbewertete Aktien.

■ 2. Phase: Die Bewertung der Informationen
Fragen für die Entscheidung:

➤ Hat das Unternehmen ein starkes Management?

➤ Ist das Unternehmen Marktführer?

➤ Stellt das Unternehmen Qualitätsprodukte her, ist es in einem gut etablierten, starken Markt tätig?

➤ Hat es einen Wettbewerbsvorteil?

➤ Hat das Unternehmen eine positive Gewinnmarge und eine gute Eigenkapitalrendite?

➤ Zeigt die Bilanz des Unternehmens stabile fundamentale Zahlen?

➤ Ist ein beständiges Umsatz- und Gewinnwachstum vorhanden?

➤ Gibt es einen potenziellen Katalysator, der den Aktienkurs erhöhen könnte?

➤ Ist der Aktienkurs in Relation zum Buchwert oder zu den jetzigen und möglichen zukünftigen Gewinnen niedrig?

■ **3. Phase: Die Entscheidungsfindung**
Bevor Templeton sich zum Kauf entschloss, grenzte er seine ausgewählten Unternehmen ein und verglich sie miteinander. Templeton wollte nicht nur eine Aktie zu einem günstigen Preis kaufen – er wollte die beste Aktie.

Er hielt eine Aktie durchschnittlich fünf Jahre. Einen eventuellen Verkaufszeitpunkt sah er, wenn eine Aktie die ursprünglichen Kriterien nicht mehr erfüllte oder überbewertet war.

Der religiöse, global investierende Fondsmanager
Für John Templeton waren moralische und ethische Werte Bestandteile seines Lebens und seiner Investitionsstrategie. Er begründete 1972 einen jährlichen Preis für religiöse Leistungen. Die Preise beliefen sich auf mehr als 1 Mio $. Mutter Teresa und Reverend Billy Graham waren unter den ersten Preisträgern. Auch Alexander Solschenizyn erhielt einen Preis.

1987 wurde die John Templeton Foundation gegründet, um Fortschritte in Religion und wachsende spirituelle Kenntnisse durch Wissenschaft und Forschung zu fördern.

Nicht Reichtum um des Reichtums willen war sein Anlageziel, sondern Menschen zu helfen. Als Fondsmanager sah er sein Ziel darin, anderen Menschen zu helfen, ihren Reichtum aufzubauen.

1987 wurde John Templeton von Queen Elizabeth für seine Menschenliebe geadelt.

1992 zog er sich aus dem Geschäftsleben zurück. Er verkaufte seine Fondsgesellschaft an Franklin-Resources (heute: Franklin Templeton Mutual Funds).

„Ich zog mich aus dem Fondsmanagement zurück, um mein Leben dem spirituellen Wachstum in der Welt zu widmen."

Templetons zeitlose Regeln für den Anlageerfolg

Achten Sie auf die tatsächliche Rendite! Investieren Sie, um eine höchstmögliche Rendite zu erhalten, und zwar nach Steuern und Inflation. Jede Anlagestrategie, die Steuern und Inflation nicht einberechnet, erkennt nicht den wahren Charakter des Investierens.

Spekulieren Sie nicht, sondern investieren Sie! Investieren Sie – traden und spekulieren Sie nicht. Der Aktienmarkt ist kein Casino. Wenn man Aktien, wenn sie sich um ein paar Punkte bewegen, kauft und wieder verkauft, wenn Sie short verkaufen oder nur in Optionen und Futures handeln, dann wird der Aktienmarkt Ihr Casino sein. Wie die meisten Spieler werden Sie Geld verlieren. Ihre Gewinne werden durch Gebühren aufgezehrt werden.

Bleiben Sie flexibel! Bleiben Sie flexibel und aufgeschlossen gegenüber verschiedenen Anlagearten. Es gibt Zeiten, in denen es besser ist, Blue Chips, zyklische Aktien, Corporate Bonds, Convertible Bonds, US-Staatsanleihen und andere Papiere zu kaufen. Und es gibt Zeiten, in denen man Cash besitzen sollte. Tatsache ist, dass nicht zu jeder Zeit jede Art von Investition immer das Beste ist.

Gleichzeitig betonte Templeton, dass er größtenteils in Aktien investiert war. Sie haben, von ein paar Ausnahmen abgesehen, den Markt in den meisten Jahrzehnten übertroffen.

Kaufen Sie zu einem niedrigen Preis! – Der Contrarian-Ansatz. Natürlich werden Sie sagen, dass es selbstverständlich ist, zu einem niedrigen Preis zu kaufen. Ja, aber an der Börse handeln die meisten Investoren anders. Sie kaufen, wenn die Kurse hoch sind. Die Preise sind niedrig, wenn die Nachfrage niedrig ist, die Anleger sich zurückgezogen haben und entmutigt und pessimistisch sind. Wenn alle gleichzeitig pessimistisch sind, kollabiert die Börse. Es ist sehr schwierig, der Masse nicht zu folgen, zu kaufen, wenn jeder verkauft und zu verkaufen, wenn jeder kauft. Aber wenn Sie die gleichen Aktien wie die Masse kaufen, dann haben Sie auch die gleichen Ergebnisse. Sie können den Markt nicht schlagen, wenn Sie den Markt kaufen.

Kaufen Sie Qualität! Wenn Sie Aktien kaufen, dann suchen Sie nach Gelegenheiten unter den Qualitätsaktien. Qualität hat ein Unternehmen, das Marktführer im wachsenden Markt ist. Qualität hat ein Unternehmen, das Technologieführer in seiner Branche ist. Qualität ist ein starkes Management, mit einer erprobten Erfolgsbasis. Qualität ist es, Produkte mit geringen Kosten herzustellen. Qualität ist ein gut kapitalisiertes Unternehmen, das sich unter den ersten in einem neuen Markt findet. Qualität ist ein bekannter, vertrauter Markenname für ein profitables Verbraucherprodukt.

Investieren Sie in Wert! Kaufen Sie Wert und keine Markttrends oder den ökonomischen Ausblick. Während einzelne Aktien in einem starken Bullenmarkt mit nach oben gezogen werden können, ist es doch letztendlich die Aktie, die den Markt bestimmt, und nicht umgekehrt. Einzelne Aktien können in einem Bärenmarkt steigen und in einem Bullenmarkt fallen.

Diversifizieren Sie! Kaufen Sie eine Anzahl von Aktien und Anleihen. Egal wie sorgfältig Sie Ihre Aktien auswählen, Sie können weder die Zukunft voraussagen noch kontrollieren.

Machen Sie Ihre Hausaufgaben! Machen Sie Ihre eigenen Analysen oder nehmen Sie einen klugen Experten, der Ihnen hilft. Stellen Sie Untersuchungen an, bevor Sie investieren. Studieren Sie die Unternehmen. Fragen Sie, was deren Erfolg ausmacht.

Beobachten Sie Ihre Investments! Beobachten Sie Ihre Unternehmen ständig. Seien Sie für Veränderungen bereit. Kein Bullenmarkt bleibt ewig. Kein Bärenmarkt bleibt ewig. Und es gibt keine Aktie, die Sie kaufen und vergessen können. Denken Sie daran: Dinge verändern sich und kein Investment ist für die Ewigkeit.

Lassen Sie sich nicht in Panik versetzen! Manchmal werden Sie nicht verkauft haben, wenn alle kaufen, und Sie werden eventuell in einen Crash hineingezogen werden. Sie können innerhalb eines Tages einen großen Verlust haben. Verkaufen Sie nicht gleich am nächsten Tag. Die Zeit zu verkaufen, ist vor dem Crash, nicht danach. Analysieren Sie stattdessen Ihr Portfolio und fragen Sie sich, ob Sie diese Aktie, falls Sie sie nicht hätten, nach dem Crash wieder kaufen würden. Der einzige Grund, die Aktie zu verkaufen wäre, wenn Sie jetzt eine attraktivere Aktie finden würden.

Gehen Sie mit Ihren Fehlern effektiv um! Der einzige Weg Fehler zu vermeiden ist, nicht zu investieren – das wäre der größte Fehler überhaupt. Vergeben Sie sich deshalb Ihre Fehler. Werden Sie nicht mutlos und versuchen Sie auch nicht, Ihre Verluste durch größere Risiken wiedergutzumachen. Nehmen Sie stattdessen jeden Fehler als einen Lernprozess an.

Ein Gebet hilft. Wenn Sie mit einem Gebet beginnen, dann können Sie klarer denken, und Sie machen weniger Fehler. Ein Gebet beruhigt die Gedanken und gibt Ihnen Klarheit für Ihre Entscheidungen.

Bleiben Sie bescheiden! Ein Investor, der alle Antworten kennt, versteht nicht einmal alle Fragen. Zu meinen, dass man alles weiß, führt früher oder später zu Enttäuschungen, wenn nicht gar zu einem Desaster. Alles ist in stetem Wandel, und der kluge Investor erkennt, dass Erfolg ein Prozess ständiger Antworten auf neue Fragen ist.

Behalten Sie eine positive Einstellung zum Investieren. Haben Sie keine Angst und seien Sie nicht zu häufig negativ eingestellt. Seit hundert Jahren haben die Optimisten immer wieder Licht in den Aktienmarkt gebracht. Sogar in den düsteren 70ern haben viele professionelle Fondsmanager und individuelle Investoren Geld mit Aktien verdient. Es wird immer Korrekturen, ja sogar Crashs geben. Doch auf lange Sicht steigen Aktien immer höher und höher.

1.3 Growth gegen Value

Seitdem sich Anleger und Investoren mit Unternehmensdaten befassen, herrscht zwischen ihnen eine heftige Diskussion, ob der Growth-(Wachstums-) oder Value-(Wert-)Ansatz der Richtige ist. Buffetts Ausspruch: *„Wachstum ohne Wert ist ebenso abzulehnen wie Wert ohne Wachstum"* trifft den Zusammenhang auf den Punkt.

Unternehmen sind letztlich immer so viel wert wie die Gewinne, die sie heute und in der Zukunft erzielen. Wir kombinieren bei unserem Value-Ansatz Elemente des traditionellen Growth- und Value-Ansatzes. Wir wollen Top-Qualität zu einem günstigen Preis. Top-Qualität gibt es auch bei Wachstumsunternehmen. Wachstumsunternehmen sind in der Regel „teurer" als Unternehmen, die nicht mehr so stark wachsen.

Was bedeuten Value-Analyse und Value-Investment wirklich? Steht der Value-Ansatz im Widerspruch zu dem Growth-Ansatz?

In der Literatur finden Sie verschiedene Definitionen vom Value-Investment. Oftmals sind es Diskussionen, die den Growth-(Wachstums-) den Value-(Wert-)Ansatz gegenüberstellen. Hierbei wird dann versucht, verschiedene Investmentansätze in starre Schemata einzugliedern. Wir trennen diese Begriffe nicht so strikt, denn es ist nicht zwingend notwendig hier einen Gegensatz zu sehen. Planbares Wachstum ist ein zentraler Bestandteil von Value!

Der erfolgreichste Value-Investor der Geschichte umschreibt seine Anlage-Strategie so:

„Frage nicht nach dem Preis, den Du für ein Unternehmen zahlst, sondern nach dem Wert (Value), den Du für Dein Geld bekommst!"

Warren Buffett

Wenn Sie nach diesem Grundsatz handeln möchten, dann müssen Sie zwangsläufig umfassende Gedanken über die Qualität eines Unternehmens anstellen und diese Qualität auch definieren. Das geschieht u. a. dadurch, indem Sie die fundamentalen Daten beurteilen. Sie erhalten dann Aussagen über die Finanzkraft, die Wachstumsraten oder die Qualität des Managements in der Vergangenheit etc. Ebenso wichtig ist jedoch der Preis, den Sie für diese hohe und auch seltene Qualität zahlen müssen. Gute Qualität ist oftmals sehr teuer – denn Qualität hat ihren Preis. Es nützt Ihnen sehr wenig, wenn Sie Spitzenqualität zu teuer einkaufen.

Viele Investoren wählen für ihre Portfolios nur die besten Unternehmen der Welt aus. Sie setzen dabei ausschließlich auf bekannte Marktführer. Um wirklich erfolgreich zu sein, müssen Sie aber noch einen entscheidenden Schritt weiter gehen. Suchen Sie Top-Unternehmen mit einem erheblichen Abschlag zum „inneren Wert", also „unterbewertete" Unternehmen. Dabei schauen wir in erster Linie auf die Fundamentaldaten der Unternehmen und nicht auf die Stimmung am Aktienmarkt, die Politik, Konjunktur oder Wirtschaft.

Investieren Sie nur in erstklassige Unternehmen, die aller Voraussicht nach auch in ferner Zukunft ihre führende Marktposition behaupten werden.

Grundsätzlich sollten Sie bereit sein, „Ihre" Unternehmen sehr lange zu halten, tendiert der Marktwert jedoch an den „inneren, wahren Wert", können Sie verkaufen. Dann sollten Sie andere Unternehmen mit

„Top-Qualität zum günstigen Preis"

suchen.

1.4 Top-Qualität zum günstigen Preis

Viele Anleger schauen lediglich auf den Kurs einer Aktie. Der Kurs ist jedoch nur das, was man zahlt. Der Wert ist das, was man erhält. Ein Unternehmen, dessen Marktwert in der Vergangenheit stark gestiegen ist, halten viele für teuer, eine Aktie, die gefallen ist, für ein Schnäppchen. Die Frage muss jedoch immer lauten: Was bekomme ich für den Preis an Wert geboten?

Wie hoch ist der innere bzw. wahre Wert eines Unternehmens und welcher Preis wird an der Börse für das Unternehmen bezahlt? Dieser Unterschied ist für Value-Anleger von großer Bedeutung. Oft bewertet der Markt ein Unternehmen richtig, und manchmal neigt er zu Übertreibungen. Wenn er aber zu Untertreibungen tendiert, bieten sich gute Chancen. Langfristig tendiert der Marktwert eines Unternehmens zum „inneren" Wert. Halten Sie also nach überdurchschnittlichen Unternehmen Ausschau, die Sie unter dem wahren Wert kaufen können. Dabei sollten Sie auf die Fundamentaldaten der Unternehmen, also die Tatsachen schauen. Die Stimmung am Aktienmarkt, die Politik, Konjunktur oder Lage der Wirtschaft allgemein interessiert weniger.

Auch Spitzenunternehmen haben hin und wieder Probleme. Die Börse neigt dann dazu, diese Unternehmen überproportional hoch „abzustrafen". Diese Situationen stellten in der Vergangenheit oftmals sehr gute Kaufgelegenheiten dar, denn normalerweise überwinden Spitzenunternehmen ihre Probleme und gehen gestärkt aus Krisen hervor.

„Die meisten Leute interessieren sich für Aktien, wenn das alle anderen auch tun. Der richtige Zeitpunkt ist aber dann, wenn jeder sonst uninteressiert ist. Man kann nicht etwas kaufen, das beliebt ist, und damit Erfolg haben."

A. Hughey, 1985 in *Newsweek*

Es kommt auch vor, dass Unternehmen ihre Gewinn- und Ertragssituation Jahr für Jahr verbessern, der Markt jedoch die sich ständig verbessernde Ausgangsposition ignoriert. Die Aktie wird somit bei unverändertem Kurs immer preiswerter.

Auf der anderen Seite erleben wir aber auch, dass Unternehmen extrem hoch bewertet sind. Gerade während der Technologieblase kam es zu Phasen der Übertreibung, die selbst bei den Marktführern unweigerlich zu einer scharfen Korrektur der Kurse führte.

„Bullenmärkte machen Anleger übermütig: Wenn man als Ente auf einem Teich schwimmt und dieser aufgrund von Regenfällen ansteigt, bewegt man sich in der Welt allmählich nach oben. Aber man hält sich selbst für die Ursache und nicht den Teich."

Charlie Munger, 1996

Was müssen Sie tun, wenn Sie nach diesen Grundsätzen handeln möchten?

1. Als Erstes sollten Sie wissen, was Qualität bei einem Unternehmen bedeutet, und wie Sie dies auch konkret feststellen können.

2 Als Zweites treffen Sie dann eine Aussage über den fairen Unternehmenswert. Sie sollten sehr genau definieren, welchen Preis Sie für „Ihre" Qualitätsunternehmen zahlen wollen.

Bei dem Value- oder Wert-Ansatz ist der Unterschied des wahren bzw. inneren Wertes eines Unternehmens zum an der Börse notierten Marktwert (Kurs) von entscheidender Bedeutung. Diese Unternehmen sollen einen erheblichen Abschlag zum inneren Wert haben, also „unterbewertet" sein. Dabei sollten Sie auf die Fundamentaldaten der Unternehmen, also die Tatsachen schauen. Die Stimmung am Aktienmarkt, die Politik, Konjunktur oder Lage der Wirtschaft allgemein interessiert weniger.

Langfristig betrachtet ist die Aktie eine der renditeträchtigsten Kapitalanlageformen überhaupt. Wir kennen aber auch die Weisheit: *„Die Börse ist keine Einbahnstraße!"* Gerade in den vergangenen Jahren konnten wir mitunter sehr starke Schwankungen und Abwärtsbewegungen an den Aktienmärkten verfolgen. Dies ändert aber nichts an den unverändert guten Perspektiven führender Unternehmen. Solange die Menschen nach Fortschritt streben, wird es Firmen geben, die Gewinne erwirtschaften.

Viele Anleger sind in Baisse-Jahren verunsichert. „Crash-Gurus" haben dann wieder Hochkonjunktur – täglich werden Sie mit neuen Schreckensmeldungen konfrontiert. Letztlich kann Ihnen aber keiner verlässlich sagen, wo die Wirtschaft in den nächsten Monaten hingeht.

In der Vergangenheit gab es immer Gründe, warum Menschen keine Aktien kauften. In den letzten 50 Jahren haben wir zum Beispiel eine Kuba-Krise, einen Vietnam-Krieg, Ölkrisen, Dollar-Verfall, Börsen-Crashs, einen Balkan-Krieg und eine Asien-Krise überstanden. Zuletzt erschütterten uns der Absturz der Technologiewerte, Terroranschläge, Kriege und die Subprime- und Finanzkrise.

Es gibt aber auch immer einen triftigen Grund, warum wir langfristig in Aktien investieren sollten: 25.000 € in 1950 in den Aktienmarkt (Dow Jones) investiert, hatten Ende 2014 einen Wert von rund 5.000.000 €. Jahr für Jahr gab es Gründe, keine Aktien zu kaufen, aber immer wieder bietet die Börse bessere Wertsteigerungen als andere Geldanlagen. In den letzten 50 Jahren gab es an den Börsen praktisch nur Aufwärts- und Seitwärtsbewegungen. Von 1949 bis 1965 und 1982 bis 2000 erlebten wir zwei große Boomphasen – dazwischen von 1965 bis 1982 eine lange Seitwärtsbewegung. Auch bei einer noch längeren Betrachtung wird deutlich, dass langfristig betrachtet die Märkte letztlich immer stiegen.

Interessant dabei ist jedoch, dass auch in diesen Seitwärtsbewegungen an der Börse Geld verdient werden konnte. Wenn wir den o. a. Zeitraum von 1965 bis 1982 betrachten, so fällt auf, dass auch in dieser langen Seitwärtsbewegung mit einer wertorientierten Anlage-Strategie, wie sie Buffett anwendet, sehr gute Renditen erzielt werden konnten. So gelang es ihm mit scheinbar „langweiligen" Unternehmen, den Wert seiner Beteiligungsgesellschaft auch in jener Zeit jedes Jahr um rund 20 % zu steigern. Interessant dabei ist auch, dass er in dieser Zeit kein einziges Jahr negativ abschloss. Der Markt hingegen hatte in der gleichen Phase starke Auf- und Abwärtsbewegungen zu verkraften.

So lange die Menschen nach Fortschritt streben, wird es Unternehmen geben, die ihre Gewinne steigern. Langfristig ist der Unternehmenswert nur von den zukünftigen Gewinnen abhängig. Wenn Sie auf gute Unternehmen achten, die zudem unterbewertet sind, haben Sie auch in den schwierigen Zeiten gute Chancen, erfolgreich zu investieren.

Vor dem Kauf eines Unternehmensanteils (Aktie) sollten Sie immer Ihre Chancen gegenüber den Risiken abwägen. Nur das Bewusstsein Ihrer Chancen und Risiken führt zu einem ausgewogenen Chancen-Risiko-Verhältnis. Es gibt kaum Erfolge, die gänzlich ohne Risiko zu erreichen sind. Jedoch sollten Sie immer darauf bedacht sein, diese Unsicherheiten auf ein Mindestmaß zu reduzieren.

Bei unserem Value-Ansatz gehen wir in 3 Schritten vor:

■ 1. Schritt: Allgemeine Unternehmensbeurteilung

Im 1. Schritt – der allgemeinen Unternehmensbeurteilung – identifizieren wir die besten Unternehmen der Welt in Bezug auf Marktstellung, Produkte, Unternehmensgeschichte und Wachstums-Chancen. Hier identifizieren wir die Unternehmen mit einer dauerhaften monopolähnlichen Marktposition. (Zum genauen Vorgehen und den Ergebnissen lesen Sie mehr ab Seite 67.)

■ 2. Schritt: Überprüfung der messbaren Qualitätskriterien

Im 2. Schritt überprüfen wir unsere erste, zum Teil noch subjektive Einschätzung, anhand genau definierter Kriterien und Finanzzahlen. So sind wir in der Lage, eine genaue Aussage über die Qualität von Aktien zu treffen. Es gibt auch Unternehmen, die hervorragende Finanzzahlen haben, aber die Kriterien der allgemeinen Unternehmensbewertung nicht 100%ig erfüllen. Die besten dieser „sonstigen" Qualitätsunternehmen beziehen wir ebenfalls in unsere Analyse ein. (Zum genauen Vorgehen und den Ergebnissen lesen Sie mehr ab Seite 77.)

■ 3. Schritt: Ermittlung des wahren Unternehmenswertes

Erst DANACH – im 3. und letzten Schritt – schauen wir uns den wahren Wert des Unternehmens an und entscheiden darüber, ob wir die Aktie kaufen, halten oder verkaufen wollen. Wie im täglichen Leben wollen wir beste Qualität zu einem einmalig günstigen Preis erhalten. Wir suchen keine „teuren" und auch keine „billigen" Unternehmen, wir suchen „preiswerte" Unternehmen. (Zum genauen Vorgehen und den Ergebnissen lesen Sie mehr ab Seite 84.)

Die Grundsätze der Value-Strategie haben sich seit Jahrhunderten nicht verändert. Buffett beschreibt dies in einem sehr plastischen Beispiel, das wir Ihnen nicht vorenthalten wollen:

Auszüge aus Buffets Brief an die Aktionäre 2000
„Die Methode zur Bewertung aller Investitionen, die im Hinblick auf ihre Erträge gemacht werden, hat sich überhaupt nicht verändert, seit sie erstmals 600 AD von einem sehr klugen Mann aufgeschrieben wurde. (Auch wenn er nicht klug genug war, um zu wissen, dass es 600 AD war). Dieses Orakel war Aesop und seine beständige, etwas unvollständige Einsicht war: Ein Vogel in der Hand ist besser als zwei in einem Busch.

Um dieses Prinzip auszumalen, muss man nur drei Fragen beantworten. Wie sicher ist es, dass tatsächlich Vögel in dem Busch sind? Wann kommen sie heraus und wie viele werden es sein? Was ist der risikofreie Zinssatz (den wir immer mit der Rendite der langfristigen US-Bundesanleihen gleichsetzen)? Wenn man diese drei Fragen beantworten kann, kennt man den maximalen Wert des Busches – und die Anzahl Vögel, die maximal dafür geboten werden müssten. Und natürlich sollte man nicht in Vögeln denken. Man sollte in Dollars denken.

Aesops Investmentgrundsatz, so erweitert und in Dollar konvertiert, ist unumstößlich. Er passt auf Ausgaben für einen Bauernhof, auf Öllizenzgebühren, auf Anleihen, Aktien, Lotterielose und Fabriken. Und weder die Einführung der Dampfmaschine, die Nutzung der Elektrizität noch die Erfindung des Automobils haben die Formel auch nur um ein Jota verändert – und auch das Internet wird das nicht. Man muss nur die richtigen Zahlen einfügen und schon kann man alle nur denkbaren Verwendungsmöglichkeiten von Kapital nach ihrer Attraktivität sortieren.

Geläufige Maßstäbe wie Dividendenrendite, Kursgewinn- oder Kursbuchwertverhältnis und sogar Wachstumsraten haben gar nichts mit Bewertung zu tun, außer dass sie Hinweise liefern auf die Höhe und das Timing von Geldflüssen in und aus dem Unternehmen. Ja, Wachstum kann sogar Wert zerstören, wenn es in den Anfangsjahren eines Projektes oder Unternehmens Geldzuflüsse benötigt, die höher sind als der Nettobarwert der Erträge, die die Anlagen in späteren Jahren erwirtschaften werden. Marktkommentatoren und Investment-Manager, die wortgewandt von „Wachstums"- und „Value"- Anlagestilen als gegensätzlichen Ansätzen reden, zeigen nur ihre Unkenntnis, nicht ihre Professionalität. Wachstum ist nur ein Faktor, manchmal ein positiver, manchmal ein negativer, in der Bewertungsgleichung.

Unglücklicherweise ist zwar Aesops Satz und die dritte Variable – die Zinsrate – einfach, aber die anderen beiden Variablen zu beziffern, ist eine schwierige Aufgabe. Exakte Zahlen zu benutzen, ist hier auch wirklich dumm; mit einer Reihe verschiedener Alternativen zu arbeiten, ist der bessere Ansatz.

Gewöhnlich muss diese Reihe so lang sein, dass keine brauchbare Schlussfolgerung mehr gezogen werden kann. Manchmal zeigen aber selbst sehr konservative Annahmen über das Auftauchen von Vögeln, dass der angebotene Preis im Vergleich zum Wert erschreckend niedrig ist. (Nennen wir dieses Phänomen „Theorie des ineffizienten Busches"). Natürlich braucht ein Investor ein allgemeines Verständnis von Betriebswirtschaft und auch die Fähigkeit unabhängig zu denken, um zu einem wohlbegründeten positiven Schluss zu kommen. Aber ein Investor braucht weder Genie noch Erleuchtungen.

Das andere Extrem sind die vielen Male, in denen auch die genialsten Investoren zu keinem Schluss kommen über die Zahl der Vögel, die auftauchen werden, selbst wenn eine sehr lange Reihe von alternativen Schätzungen untersucht wurde. Diese Unsicherheit gibt es oft, wenn neue Unternehmen in sich ständig verändernden Branchen analysiert werden. In solchen Fällen muss jedes finanzielle Engagement spekulativ genannt werden.

Nun ist es ja so, dass Spekulation – bei der der Fokus nicht darauf liegt, was eine Anlage erwirtschaftet, sondern was ein Anderer bereit ist, dafür zu zahlen – weder illegal, noch unmoralisch, noch unamerikanisch ist. Aber es ist ein Spiel, bei dem Charlie und ich nicht mitspielen mögen. Wenn wir keinen Beitrag leisten, warum sollten wir etwas bekommen?

Die Grenze zwischen Investition und Spekulation, die nie klar und deutlich ist, wird noch mehr verwischt, wenn die meisten Marktteilnehmer kürzlich Triumphe gefeiert haben. Nichts schläfert die Vernunft mehr ein als große Dosen von unverdient verdientem Geld. Nach einer berauschenden Erfahrung dieser Art driften auch normalerweise vernünftige Menschen in ein Verhalten, das dem von Cinderella auf dem Ball ähnelt. Sie wissen, dass um Mitternacht sich die Kutsche in Kürbis und Mäuse zurückverwandelt, d. h. sie spekulieren weiter mit Unternehmen, die gigantische Bewertungen haben, relativ zu den Erträgen, die sie in der Zukunft wahrscheinlich erwirtschaften können. Aber sie wollen trotzdem keine Minute von dem wundervollen Ball verpassen. Deshalb planen alle, trunken wie sie sind, erst Sekunden vor Mitternacht zu gehen. Es gibt nur ein Problem: Sie tanzen in einem Raum, in dem die Uhren keine Zeiger haben.

Letztes Jahr habe ich die vorherrschende Übertreibung – ja sie war irrational – kommentiert und gesagt, dass die Erwartungen der Investoren auf ein Vielfaches der zu erwartenden Ergebnisse angewachsen waren. Ein Beweisstück kam aus einer Paine-Webber-Gallup Investorenstudie, die im Dezember 1999 durchgeführt worden war, bei der die Teilnehmer nach der Höhe der jährlichen Rendite gefragt worden waren, die Investoren über das nächste Jahrzehnt erwarten könnten. Die Antwort lag im Schnitt bei 19%. Dass war sicher eine irrationale Erwartung: Für alle amerikanischen Unternehmen können sicher nicht genug Vögel für solch eine Rendite im Busch sein.

Noch irrationaler waren die riesigen Bewertungen, die die Marktteilnehmer damals Unternehmen zugestanden, die mit größter Wahrscheinlichkeit von nur geringem oder gar keinem Wert sein würden. Investoren, hypnotisiert von kletternden Aktienkursen und alles andere ignorierend, strömten zu solchen Unternehmen. Es war, als ob ein Virus, der unter Fachleuten wie Laien gras-

sierte, Halluzinationen hervorrief, bei denen der Wert der Aktien in bestimmten Branchen vom Wert der dazugehörigen Unternehmen abgekoppelt wurde.

Diese surreale Szene wurde von jeder Menge Gerede über „Wertschöpfung" begleitet. Wir sind die ersten, die anerkennen, dass im letzten Jahrzehnt eine enorme Masse an Wert von unseren neuen oder jungen Unternehmen geschaffen wurde und dass hier noch viel mehr passieren wird. Aber Wert wird von jedem Unternehmen zerstört, nicht geschaffen, das sein Leben lang Geld verliert, egal wie hoch seine Bewertung zwischenzeitlich gewesen sein mag.

In diesen Fällen gibt es vielmehr Vermögensverschiebungen, oft in massiven Proportionen. Durch die schamlose Vermarktung von vogelfreien Büschen sind in den letzten Jahren Milliarden Dollar in die Taschen der Verkäufer (und ihrer Freunde und Partner) geflossen. Es ist eine Tatsache, dass ein aufgeblähter Markt die Schaffung von aufgeblähten Unternehmen ermöglicht hat, Gebilde, die eher dazu angetan waren, aus Investoren Geld zu machen als für Investoren. Zu oft war der Börsengang, nicht Gewinn das eigentliche Ziel der Unternehmensführung. Im Grunde ist das Geschäftsmodell dieser Unternehmen der altmodische Kettenbrief, für den viele Investmentbanker, hungrig nach Gebühren, den eifrigen Postboten gespielt haben.

Aber für jeden Ballon liegt eine Nadel bereit. Und wenn die beiden sich schließlich treffen, lernt eine neue Generation Investoren einige sehr alte Regeln:

1. An der Wall Street – an der Qualitätskontrolle nicht groß geschrieben wird – wird den Investoren alles verkauft, was sie kaufen wollen.

2. Spekulieren ist am gefährlichsten, wenn es am einfachsten ausschaut.

Bei Berkshire versuchen wir nie die paar Gewinner aus einem Ozean von unerprobten Unternehmen herauszufischen. Dafür sind wir nicht clever genug, und das wissen wir. Stattdessen versuchen wir Aesops 2.600 Jahre alte Gleichung auf Gelegenheiten anzuwenden, von denen wir ziemlich gut einschätzen können, wie viele Vögel im Busch sitzen und wann sie herauskommen werden. *(Eine Gleichung, die meine Enkel wahrscheinlich mit „**Ein Mädchen im Cabrio ist besser als 5 im Telefonbuch**" übersetzen würden.) Natürlich können wir das Timing von Kapitalflüssen in und aus einem Unternehmen nie genau vorhersagen. Deshalb versuchen wir, konservative Prognosen zu machen und uns auf Branchen zu beschränken, in denen Überraschungen nicht viel Verwüstungen für die Eigentümer anrichten können. Trotzdem machen wir viele Fehler: Wissen Sie noch, ich war derjenige, der dachte, er würde das Geschäft von Rabattmarken, Bekleidung, Schuhen und zweitklassigen Kaufhäusern verstehen ..."*

1.5 Allgemeine Unternehmensbeurteilung

Orientieren Sie sich an der Vorgehensweise der weltbesten Investoren, um so zu „Ihrer" Strategie zu finden. Legen Sie Wert auf einen systematischen Ansatz. Sie müssen das Rad nicht neu erfinden, sondern können sich vielmehr die Grundsätze der besten Investoren aneignen.

Wir zeigen Ihnen eine Systematik, die nach klar definierten Kriterien arbeitet und die über einen langen Zeitraum mit hohen Renditen aufwarten konnte.

Zu diesem Zweck benötigen Sie messbare und klare Kriterien. Viele der großen Investoren unterziehen die in Frage kommenden Gesellschaften zunächst aber einer ersten allgemeinen Unternehmensbeurteilung. Erst im 2. Schritt gehen sie dazu über, die ausgewählten Unternehmen im Detail zu durchleuchten.

Buffett beschrieb in einem plastischen Beispiel, welche Eigenschaften für ihn eine märchenhafte Aktie hat.

„... herrliche Burgen, die von tiefen, unüberwindbaren Gräben umgeben sind, und in denen ein aufrechter, ehrlicher Burgherr wohnt. Am besten ist es, die Burg bezieht Stärke von dem Genie, das in ihr wohnt; der Burgraben ist zuverlässig und eine wirksame Abschreckung für alle, die einen Angriff im

Schilde führen; der Burgherr häuft Gold an, aber behält nicht alles für sich. Frei übersetzt: Wir bevorzugen große Unternehmen, die eine dominante Stellung innehaben und deren Markenprofil schwer zu kopieren und von außerordentlicher Konstanz oder Zuverlässigkeit ist. "

Warren Buffett, Berkshire HV 1995

1.5.1 Fragen zur allgemeinen Unternehmensbeurteilung

➤ Ist das Unternehmen einfach zu verstehen, hat es eine beständige Firmengeschichte?

➤ Werden die Produkte dringend benötigt, gibt es keinen direkten Ersatz?

➤ Gibt es wenig Restriktionen, sodass das Unternehmen einfach expandieren kann? Ist die Produktion einfach ausdehnbar?

➤ Sind die Produkte eindeutig von den Konkurrenzprodukten zu unterscheiden?

➤ Verfügt das Unternehmen über eine monopolartige Stellung?

Buffett sagte einmal sinngemäß:

„Wenn Sie mir 1 Mrd $ geben würden, um damit die Marktstellung der Washington Post anzugreifen, würde ich Ihnen das Geld zurückgeben. "

➤ Hat das Unternehmen noch Wachstumspotenzial? Wird die Nachfrage noch genügend wachsen?

➤ Hat das Unternehmen eine weitgehende Freiheit in der Preisgestaltung?

Sie werden nicht sehr viele Unternehmen finden, bei denen Sie alle diese Fragen mit einem deutlichen „Ja" beantworten können. Es handelt sich dabei meistens um Ihnen bereits sehr vertraute Unternehmen.

Denken Sie an Unternehmen wie Walt Disney. Man hat festgestellt, dass Schneewittchen alle 7 Jahre neu herausgebracht werden kann – und die Menschen kaufen es wieder.

Oder denken Sie an das Lieblingsunternehmen von Warren Buffett, Coca-Cola.

„Bei jedem Unternehmen spielen eine Unmenge möglicher Faktoren eine Rolle, die in einer Woche, einem Monat, einem Jahr oder noch später aktuell werden können. Aber das eigentlich Wichtige ist, auf das richtige Unternehmen zu setzen. Das klassische Beispiel: Coca-Cola ging 1919 an die Börse. Am Anfang betrug der Kurs 40 $ pro Aktie. Im darauf folgenden Jahr fiel er auf 19 $. Der Zuckerpreis hatte sich nach dem Ersten Weltkrieg drastisch verändert. Hätten Sie die Aktien also zum Zeitpunkt der Erstemission erworben, hätten Sie ein Jahr später die Hälfte Ihres Geldes verloren; würden Sie diese eine Aktie aber heute noch besitzen – und hätten Sie alle Dividenden wieder investiert –, hätten Sie heute 1,8 Mio $!

Wir haben Wirtschaftskrisen erlebt. Wir haben Kriege erlebt. Der Zuckerpreis geht mal nach oben, mal nach unten. Es ist viel passiert. Ist es nicht wirklich viel sinnvoller, darüber nachzudenken, ob sich ein Produkt aller Voraussicht nach halten kann und wirtschaftlich bleibt, als sich ständig die Frage zu stellen, ob man eine Aktie schnell kaufen und dann schnell wieder verkaufen sollte?"

Warren Buffett, HV-Bericht Berkshire Hathaway 1992

1.5.2 Die Macht der Marken – Das Branding

Versetzen Sie sich einmal in das Jahr 2005 und überlegen Sie, was Sie geantwortet hätten, wenn man Sie gefragt hätte: „Welches sind die 10 besten Unternehmen der Welt? Welche Unternehmen würden Sie wählen, wenn Sie verpflichtet wären, diese über 10 Jahre zu behalten?" Berücksichtigen Sie bei Ihrer Entscheidung die Position des Unternehmens im Jahre 2000, die Vergangenheit des Unternehmens vor 2000 sowie die von Ihnen angenommene zukünftige Entwicklung des Unternehmens. Ohne über betriebswirtschaftliche

Kenntnisse zu verfügen, geschweige denn jemals eine Bilanz gelesen zu haben, würden Sie alleine mit Ihrem gesunden Menschenverstand auf Unternehmen wie Coca-Cola, Microsoft oder Walt Disney kommen.

Sie werden automatisch auf starke Marken stoßen. Oder schauen Sie sich die Gabentische der Kinder zu Weihnachten oder Geburtstagen an. Vor einigen Jahren wurde meine jüngste Tochter eingeschult. Die Kinder waren natürlich ganz besonders stolz auf ihre neuen Ranzen und Schultüten. Bei dieser Gelegenheit konnte ich auch die Inhalte einiger Schultüten erspähen. Bis auf die Größe und Füllmenge der Tüten hat sich in den letzten 35 Jahren nicht viel verändert. Neben pädagogisch wertvollen Geschenken sind in den Tüten auch allerhand wirklich „nützliche" Dinge zu finden. Ich sah bei vielen Mädchen Barbies oder Barbie-Zubehör in den Tüten.

Mit diesen Puppen spielten zu meiner Schulzeit auch schon die Kinder, und ich bin sicher, dass sie es in 25 Jahren auch tun werden. Die Puppen werden von Mattel hergestellt, dem Unternehmen zu dem auch die Marken Fisher Price, Matchbox-Autos, Polly Pocket oder Othello gehören – alles uns sehr vertraute Marken. Bei dem Anblick der Barbies (Matell), Smarties (Nestlé) oder Kaugummis (Wrigley) etc. wird das für einen Value-Investor so wichtige Thema wieder bewusst. Die Macht der Marken – oder wie die Amerikaner sagen, das „Branding". Im späteren Leben prägen uns dann andere Marken, denken Sie an die Rasierklingen von Gillette, das Marlboro-Männchen, Nescafé etc.

Was macht eigentlich eine erfolgreiche und fast zeitlose Marke aus? Sie ist so in unseren Köpfen „eingebrannt" – meist von Kindheit an –, dass sie nur sehr schwer durch andere Produkte verdrängt werden kann. Coca-Cola ist eine der wertvollsten Marken der Welt. Nahezu jeder, sei es auch in den noch so abgelegenen Teilen der Welt, kennt die Farben von Coca-Cola. Wussten Sie, dass die Farben vom Nikolaus ursprünglich braun-weiss waren? Erst seit einem Werbefeldzug von Coca-Cola sind sie rot-weiss.

Halten Sie nach Unternehmen mit starken Marken Ausschau. Sie werden viele, viele Unternehmen finden, deren Produkte Sie schon durch Ihr gesamtes Leben begleitet haben.

Beiersdorf mit dem Körperpflegeprodukt Nivea, Hilti ... (Kein Handwerker sagt: „Gib mir mal einen Bohrhammer", sondern es heißt: „Gib mir mal die Hilti" ...), Heinz Ketchup, Johnson & Johnson mit der Penaten-Creme, Procter & Gamble mit den Pampers-Windeln, Nestlé mit einem Sammelsurium weltbekannter Marken, Unilever mit Knorr und anderen Marken, L'Oréal mit den bekannten Kosmetikartikeln, McDonald's, Altria mit Marlboro, u. v. a. m.

Es gibt auch andere sehr gute, monopolartige Unternehmen, zum Beispiel Microsoft. Nahezu alle PCs laufen heute unter Windows, aber ob das in 25 Jahren auch noch so sein wird, kann Ihnen keiner sagen. Dass in 25 Jahren noch Coca-Cola getrunken wird, ist da schon sehr viel sicherer.

Bei guten Marken spielt die Preisgestaltung oftmals keine oder nur eine untergeordnete Rolle. Wenn Sie Coca-Cola trinken, dann werden Sie die Marke nicht wechseln, weil sich der Preis für eine Flasche erhöht. Niemand schenkt seiner Geliebten zum Valentinstag Pralinen und sagt: „Liebling, ich hab Dir ein Kilo Pralinen mitgebracht. Ich hab die billigsten genommen."

„Wenn man See's Candy sein Eigen nennt, in den Spiegel schaut und fragt: ‚Spieglein, Spieglein an der Wand, wie viel verlang ich diesmal für die Süßigkeiten im Land?', und die Antwort lautet: ‚Mehr', dann weiß man, dass man ein gutes Unternehmen hat."

Jim Rasmussen 1994 in *Omaha World-Herald*

Wenn Sie auf die Marken achten, die Sie schon sehr lange kennen und von deren führender Marktposition Sie auch in Zukunft überzeugt sind, dann haben Sie bereits sehr gute Unternehmen herausgefiltert. Nicht umsonst legen die erfolgreichsten Investoren so viel Wert auf die Marke – auf das Branding. Wenn Sie dann noch aufgrund der allgemein schwachen Lage an den Märkten oder wegen vorübergehender Probleme bekannte Markenunternehmen zu günstigen Preisen kaufen können, dann sollte einem guten Investment nichts mehr im Wege stehen.

Interbrand veröffentlicht jedes Jahr ein Ranking über die weltweit wertvollsten Marken:

Die weltweit wertvollsten Marken

Rang 2014	Marke	Markenwert [Mrd. $]	Veränderung zum Vorjahr
1	Apple	170.276	+43%
2	Google	120.314	+12%
3	Coca-Cola	78.423	-4%
4	Microsoft	67.670	+11%
5	IBM	65.095	-10%
6	Toyota	49.048	+16%
7	Samsung	45.297	0%
8	GE	42.267	-7%
9	McDonald's	39.809	-6%
10	Amazon	37.948	+29%
11	BMW	37.212	+9%
12	Mercedes Benz	36.711	+7%
13	Disney	36.514	+13%
14	Intel	35.415	+4%
15	Cisco	29.854	-3%
16	Oracle	27.283	+5%
17	Nike	23.070	+16%
18	HP	23.056	-3%
19	Honda	22.975	+6%
20	Louis Vuitton	22.250	-1%
21	H&M	22.222	+5%
22	Gillette	22.218	-3%
23	Facebook	22.029	+54%
24	Pepsi	19.622	+3%
25	American Express	18.922	-3%

Rang 2014	Marke	Markenwert [Mrd. $]	Veränderung zum Vorjahr
26	SAP	18.768	+8%
27	IKEA	16.541	+4%
28	Pampers	15.267	+8%
29	UPS	14.723	+2%
30	Zara	14.031	+16%
31	Budweiser	13.943	+7%
32	eBay	13.940	-3%
33	J.P. Morgan	13.749	+10%
34	Kellogg's	12.637	-6%
35	Volkswagen	12.545	-9%
36	Nescafe	12.257	+7%
37	HSBC	11.656	-11%
38	Ford	11.578	+6%
39	Hyundai	11.293	+8%
40	Canon	11.278	-4%
41	Hermés	10.944	+22%
42	Accenture	10.800	+9%
43	L'Oréal	10.798	+6%
44	Audi	10.328	+5%
45	Citi	9.784	+12%
46	Goldman Sachs	9.526	+9%
47	Philips	9.400	-8%
48	AXA	9.254	+14%
49	Nissan	9.082	+19%
50	Gucci	8.882	-14%

Rang 2014	Marke	Markenwert [Mrd. $]	Veränderung zum Vorjahr
51	Danone	8.632	+5%
52	Nestlé	8.588	+7%
53	Siemens	8.553	-1%
54	Allianz	8.498	+10%
55	Colgate	8.464	+3%
56	Porsche	8.055	+12%
57	Cartier	7.924	+6%
58	Sony	7.702	-5%
59	3M	7.243	+17%
60	Morgan Stanley	7.083	+12%
61	Visa	6.870	+15%
62	adidas	6.811	-8%
63	Thomson Reuters	6.583	-12%
64	Discovery	6.509	+6%
65	Panasonic	6.436	+2%
66	Tiffany & Co.	6.306	+6%
67	Starbucks	6.266	+16%
68	Adobe	6.257	+17%
69	Prada	6.222	+4%
70	Santander	6.097	+13%
71	Xerox	6.033	-9%
72	Caterpillar	5.976	-12%
73	Burberry	5.873	+5%
74	Kia	5.666	+5%
75	KFC	5.639	-7%

Die besten Anlage-Strategien der Welt

Rang 2014	Marke	Markenwert [Mrd. $]	Veränderung zum Vorjahr
76	MasterCard	5.551	+17%
77	Johnson & Johnson	5.533	+7%
78	Shell	5.530	-12%
79	Harley Davidson	5.460	+14%
80	DHL	5.391	+6%
81	Sprite	5.365	-5%
82	Lego	5.362	Neu
83	John Deere	5.208	+2%
84	Jack Daniel's	5.161	+6%
85	Chevrolet	5.133	+2%
86	FedEx	5.130	+16%
87	Land Rover	5.109	+14%
88	Huawei	4.952	+15%
89	Heineken	4.822	+14%
90	MTV	4.763	-7%
91	Ralph Lauren	4.629	-7%
92	Johnnie Walker	4.540	-6%
93	Corona	4.456	+2%
94	Smirnoff	4.407	-4%
95	Kleenex	4.330	-7%
96	Hugo Boss	4.270	+3%
97	PayPal	4.251	Neu
98	Mini	4.243	Neu
99	Moét & Chandon	4.131	Neu
100	Lenovo	4.114	Neu

Quelle: *Interbrands annual ranking 2015 of 100 of the world's most valuable brands*

1.5.3 Ehrliches Management

In der vergangenen Zeit wurden wir durch die Tagespresse immer wieder über „Bilanzfälschungen" und Manipulationen informiert. Der Ausdruck „Vertrauenskrise" fiel immer häufiger. Das Ansehen der hochdotierten Manager und Konzern-Chefs wurde stark in Mitleidenschaft gezogen.

Dabei geht es nicht nur um die kriminellen Vorgehensweisen wie beispielsweise bei Enron, sondern auch um die legalen Bilanzierungstechniken, die Vorstände nutzen, um die gemeldeten Gewinne höher erscheinen zu lassen.

Was zeichnet ein offenes und ehrliches Management aus? Und noch viel wichtiger: Wie können Sie als Investor feststellen, ob das Management, dem Sie Ihr Geld anvertrauen, auch wirklich vertrauenswürdig ist?

Zunächst kommt es natürlich auf die wirtschaftliche Gesundheit des Unternehmens an. Ein gutes Management wird auch einen lahmenden Gaul nicht zu einem Rennpferd machen. Andererseits wird ein sehr gutes Unternehmen auch von einem mittelmäßigen und schlechten Management einigermaßen gewinnbringend geführt werden können. In erster Linie sollten Sie auf die wirtschaftliche Stärke eines Unternehmens schauen. Es sollte das ihm anvertraute Kapital rentabel einsetzen und somit eine hohe, über viele Jahre hinweg beständige oder gar steigende Eigenkapitalrendite bei geringen Schulden erzielen können.

Wenn ein Unternehmen einen Gewinn erwirtschaftet steht es vor der Frage, die Gewinne an die Aktionäre in Form einer Dividende auszuschütten oder die Gewinne im Unternehmen zu belassen. Für Sie als Investor ist das Einbehalten nur dann sinnvoll, wenn die Manager damit eine höhere Rendite erzielen können, als Sie dies alternativ dazu außerhalb des Untermnehmens selber tun könnten. Betrachten Sie dazu die einbehaltenen Gewinne. Sie erhalten diese, wenn Sie von den Gewinnen pro Aktie die ausgeschüttete Dividende abziehen.

Der zweite Punkt neben der fachlichen Qualität des Managements ist die Ehrlichkeit der Vorstände. Das ist die wichtigste Eigenschaft eines Managers. Ehrliche Vorstände handeln nicht wie „Manager", sondern wie „Unternehmer". Manager verwalten fremdes Geld – Unternehmer handeln hingegen wie Eigentümer.

Achten Sie auf die Art und Weise, wie die Vorstände Ihnen als Aktionär berichten. Berichten sie nur von Erfolgen oder gestehen sie auch Misserfolge ein? Schwimmen die Vorstände auch mal gegen den Strom oder ahmen sie nur das gerade Populäre nach? Sind die Gewinn-Prognosen, die das Unternehmen veröffentlicht, eher konservativ gehalten?

Ein weiterer Aspekt ist die Kompetenz der Manager. Oftmals erlangen Manager ihre Spitzenposition aufgrund sehr guter Leistungen in anderen Bereichen. Diese Manager müssen sich dann auf Berater verlassen.

Über die Diskussion veränderter Bilanzierungsstandards sagte Alan Greenspan sinngemäß: *„CEOs brauchen keine unabhängigen Direktoren, Aufsichtskomitees oder Wirtschaftsprüfer, die absolut frei von jedem Interessenskonflikt sind. Sie müssen einfach nur das tun, was richtig ist. Die Einstellungen und die Taten der CEOs sind es, was die Unternehmensführung ausmacht."*

Es werden ehrliche Manager benötigt, die ihre Aufgabe in der Vermehrung des Aktionärsvermögens sehen – nicht im Aufbau von Imperien.

1.6   Überprüfung der messbaren Qualitätskriterien

In der ersten – auch ein wenig subjektiven – allgemeinen Unternehmensbeurteilung treffen wir grundsätzliche Aussagen über die Qualität der Unternehmen. Es wird immer wieder vorkommen, dass ein sich in Ihrem Fokus befindendes Unternehmen nicht alle Qualitätskriterien zu 100% erfüllt.

Die Kriterien sollten jedoch weitestgehend erfüllt sein, und Sie sollten bei stärkeren Abweichungen nach plausiblen Gründen suchen. Wenn Sie sich

Ihrer Sache nicht ganz sicher sind, dann lassen Sie das Unternehmen weg und suchen nach Alternativen.

Im nächsten Schritt entwickeln wir konkret messbare Unternehmenskennzahlen. Diese ermöglichen Ihnen ein Vergleichen mehrerer Aktien untereinander. Mit etwas Übung wird es Ihnen gelingen, schnell einen groben Überblick über den Zustand eines Unternehmens zu erlangen.

Im Jahresbericht 1987 von Berkshire Hathaway schrieb Warren Buffett:

„Gute Geschäfts- oder Anlage-Entscheidungen bringen zufriedenstellende wirtschaftliche Erträge ohne Zuhilfenahme von Kreditfinanzierung. Unternehmen können durch Erhöhung des Fremdkapitals ihre Kapitalerträge beschönigen, deshalb suchen wir Unternehmen mit hoher Eigenkapitalrendite bei gleichzeitig niedrigem Verschuldungsgrad".

1.6.1 Eigenkapitalquote und Verschuldungsgrad

Den prozentualen Anteil des Eigenkapitals an der Bilanzsumme nennt man Eigenkapitalquote.

$$\text{Eigenkapitalquote } [\%] = \frac{\text{Eigenkapital}}{\text{Bilanzsumme}} \times 100$$

Zur Erläuterung: Wenn ein Unternehmen Wirtschaftsgüter und andere Vermögensgegenstände im Wert von 10 Mio € und Schulden von 5 Mio € besitzt, hat es eine Eigenkapitalquote von 50%. Wir wollen eine möglichst hohe Eigenkapitalquote. Sie sollte mindestens 30% betragen. Die Eigenkapitalquote finden Sie im Zahlenblock der einzelnen Aktien-Analysen.

1.6.2 Eigenkapitalrendite

Die Eigenkapitalrendite ist der Ertrag des investierten Eigenkapitals.

$$\text{Eigenkapitalrendite } [\%] = \frac{\text{Gewinn}}{\text{Eigenkapital}} \times 100$$

Hierbei teilt man den Jahresgewinn durch das Eigenkapital. So erfährt man, wie sich das Eigenkapital des Unternehmens verzinst.

Die Eigenkapitalrendite soll etwa 25 % betragen. Auch die durchschnittliche Eigenkapitalrendite der letzten Jahre sollte über 25 % liegen. Am besten ist es, wenn die Eigenkapitalrendite im Laufe der Jahre ansteigt.

1.6.3 Gewinnwachstum

Die zukünftigen Gewinne bestimmen den Wert der Aktie. Die Gewinne des Unternehmens sollten stetig wachsen. Gute Unternehmen schaffen das. Wir gehen sogar noch weiter: Die Wachstumsrate sollte über 10 % liegen – auch im Durchschnitt der letzten 10 Jahre! Außerdem sollte das Gewinnwachstum möglichst kontinuierlich sein.

Bei dem Wachstumsdurchschnitt sollten Sie den geometrischen Wachstumsdurchschnitt verwenden, da er den Zinseszinseffekt berücksichtigt. Dazu müssen Sie die Wurzel ziehen (statt dividieren).

$$\text{Gewinnwachstum } [\%] = \frac{\text{Jahresgewinn} - \text{Vorjahresgewinn}}{\text{Vorjahresgewinn}} \times 100$$

Beispiel:
Der Gewinn eines Unternehmens betrug 100 Mio € im Jahre 1997 und wuchs in den nächsten 10 Jahren auf 350 Mio € an. Insgesamt ist das also ein Faktor von 3,5. In diesem Fall zieht man die 10. Wurzel aus 3,5. (Sie teilen also nicht durch 10, das wäre das arithmetische Mittel.) Der geometrische Wachstumsdurchschnitt beträgt in diesem Fall 13,33 % p. a.

$$\text{Geometrisches Wachstum } [\%] = \sqrt[10]{\frac{350}{100}} = 1{,}133$$

Wenn Sie den Gewinn von 100 Mio € 10 mal um 13,33% steigern, dann erhalten Sie im 10. Jahr einen Wert von 350 Mio €.

1.6.4 Dividenden und einbehaltene Gewinne

Wenn ein Unternehmen einen Gewinn erwirtschaftet steht es vor der Frage, die Gewinne an die Aktionäre in Form einer Dividende auszuschütten oder sie im Unternehmen zu belassen.

Wir suchen nach Unternehmen, die ihre Gewinne einbehalten und damit einen deutlichen Mehrwert schaffen. Wir achten darauf, dass Unternehmen 50% oder mehr ihrer Gewinne einbehalten. Das zeigt das Vertrauen des Managements, mit den einbehaltenen Gewinnen eine gute Rendite erzielen zu können.

$$\text{Einbehaltene Gewinne } [\%] = 100 - \frac{\text{Dividende pro Aktie}}{\text{Gewinn pro Aktie}} \times 100$$

1.6.5 Umsatzrendite

Die Umsatzrendite gibt an, wie viel von jedem Euro (oder jedem Dollar) Umsatz als Gewinn beim Unternehmen verbleibt. Sie wird definiert als Gewinn nach Steuern in Prozent des Umsatzes. Je höher sie ist, desto stärker ist die Marktstellung der Unternehmung und desto eher können Kostenerhöhungen oder Preissenkungen verkraftet werden.

Die Umsatzrendite sollte mindestens 10% betragen und über die Jahre anwachsen.

$$\text{Umsatzrendite } [\%] = \frac{\text{Gewinn}}{\text{Umsatz}} \times 100$$

1.6.6   Rendite der einbehaltenen Gewinne

Wir wollen auch wissen, wie sich die einbehaltenen Gewinne verzinst haben. Oder anders ausgedrückt: Was hat das Management aus den einbehaltenen Gewinnen an zusätzlichem Wert (Value) geschaffen? Das Management sollte nur dann Gewinne einbehalten, wenn es in der Lage ist, bei einer Re-Investition eine höhere Rendite zu erwirtschaften, als es die Aktionäre außerhalb des Unternehmens tun könnten.

Jede einbehaltene Einheit soll sich in den 10 Folgejahren mit durchschnittlich mindestens 15% verzinst haben.

Beispiel:
Ein Unternehmen erwirtschaftete vor 10 Jahren einen Gewinn von 0,02 € pro Aktie. Es erzielt in den folgenden 10 Jahren insgesamt 3,80 € Gewinn pro Aktie.

Aus diesen 3,80 € Gewinn schüttete die Gesellschaft insgesamt 0,80 € pro Aktie als Dividende aus. Über den genannten Zeitraum wurden also 3,00 € pro Aktie einbehalten und dem Eigenkapital hinzugefügt (3,80 – 0,80 = 3,00).

Das Unternehmen hat es geschafft, den Gewinn pro Aktie in 10 Jahren von 0,02 € auf 0,80 € anwachsen zu lassen. Wenn der Gewinn pro Aktie von vor 10 Jahren (0,02) vom aktuellen Gewinn je Aktie (0,80) subtrahiert wird, erhalten wir eine Differenz von 0,78 € je Aktie.

Wir können daher davon ausgehen, dass der in den 10 Jahren einbehaltene Gewinn je Aktie von 3,00 € im Jahr 2007 zusätzliche 0,78 € Gewinn erzielte. Das bedeutet eine Gesamtrendite von 26% (0,78 / 3,00 = 0,26). Das Kriterium wäre in diesem Beispiel erfüllt.

1.6.7   Cashflow-Marge

Der Cashflow bezeichnet den Zugang an flüssigen Mitteln aus dem Umsatzprozess und anderen Quellen innerhalb eines bestimmten Zeitraumes.

Durch die Cashflow-Analyse erhalten wir Aussagen über die Finanzkraft eines Unternehmens. Hierfür ist sie besser geeignet als eine Betrachtung des Gewinns, durch die bestimmte Finanzflüsse eher verschleiert als offen gelegt werden. Wir müssen also zur Betrachtung des Cashflows einige „Korrekturen" am Gewinn vornehmen.

Die Cashflow-Marge gibt an, wie viele Finanzmittel (prozentual gesehen) das Unternehmen aus seinen Umsätzen generiert.

$$\text{Cashflow-Marge [\%]} = \frac{\text{Cashflow}}{\text{Umsatz}} \times 100$$

Die Cashflow-Marge sollte mindestens 15%, besser 20% betragen und ebenfalls anwachsend verlaufen. Das sind sehr gute Cashflow-Margen.

Es gab in den letzen Jahren auch genug Unternehmen, die Cash „auffraßen", also negative Cashflow-Margen hatten. Man nannte das in der „New Economy" die „Cash-Burn-Rate".

1.6.8 Sachinvestitionen

Unternehmen mit hohen Sachinvestitionen müssen einen großen Teil der Gewinne zum Beispiel in Maschinen investieren, nur um den Geschäftsbetrieb aufrecht zu erhalten. In inflationären Zeiten werden diese Unternehmen noch stärker getroffen.

Damit genügend Gewinn für weiteres Wachstum übrig bleibt, sollte der Anteil der Sachinvestitionen nicht mehr als 40% vom Cashflow betragen.

Wir achten also auf Unternehmen, die möglichst geringe Sachinvestitionen tätigen müssen. Das mag Sie überraschen, denn als Anleger investieren wir ja auch. Bei Unternehmen ist es uns aber lieber, wenn diese ihr Wachstum mit geringen Investitionen schaffen. Das macht diese Unternehmen weniger angreifbar und weniger anfällig.

$$\text{Sachinvestitionen vom Cashflow } [\%] = \frac{\text{Sachinvestitionen}}{\text{Cashflow}} \times 100$$

1.6.9 Netto-Cashflow

Das Cashflow-Wachstum ist ein gutes Mittel, um Unternehmen zu bewerten. Um aber das Problem hoher Investitionen zu berücksichtigen, werden von dem Cashflow die Sachinvestitionen abgezogen, und wir erhalten einen Netto-Cashflow (NCF).

$$\text{Netto-Cashflow} = \text{Cashflow} - \text{Sachinvestitionen}$$

Die messbaren Qualitätskriterien im Überblick

■ Die Eigenkapitalrendite sollte ca. 25% oder mehr betragen.

■ Die Eigenkapitalquote sollte ca. 30% oder mehr betragen.

■ Die Gewinne sollten über 10% pro Jahr wachsen, auch im langjährigen Durchschnitt.

■ Die einbehaltenen Gewinne sollten über 50% der Gesamtgewinne ausmachen.

■ Die einbehaltenen Gewinne sollten sich in den 10 Folgejahren mit durchschnittlich mindestens 15% verzinst haben.

■ Die Cashflow-Marge sollte mindestens 15%, besser 20% betragen.

■ Die Umsatzrendite sollte mindestens 10% betragen und über die Jahre anwachsen.

■ Der prozentuale Anteil der Sachinvestitionen sollte nicht mehr als 40% vom Cashflow betragen.

1.7   Der Unternehmenswert

In den vorangegangenen Abschnitten haben Sie erfahren, wie Sie die Qualität bei Unternehmen identifizieren. Sie sind nun in der Lage, aus einer Vielzahl von Aktiengesellschaften die Besten herauszufiltern. Das reicht aber noch nicht – Sie sollten auch möglichst wenig für diese hohe Qualität zahlen. Sie müssen deshalb den wahren, inneren Unternehmenswert bestimmen und daraus ableiten, wie viel Ihnen ein Unternehmen wohl in den nächsten Jahren als Rendite einbringen wird. Hierzu benötigen Sie eine Schätzung für den zukünftigen wahren Unternehmenswert.

Dazu sagte Warren Buffett auf der Hauptversammlung 1996 sinngemäß:

„Der innere Wert ist ein überaus wichtiges Konzept, das als einziges einen logischen Ansatz für die relative Attraktivität von Investitionen und Unternehmen bietet. Innerer Wert kann einfach definiert werden: Es ist der abgezinste Wert der Barmittel, die dem Unternehmen während seiner verbleibenden Lebenszeit entnommen werden können."

Erst wenn der wahre, innere Wert des Unternehmens deutlich über dem aktuellen Marktwert, also dem an der Börse gehandelten Kurs liegt und auf längere Sicht eine deutlich überdurchschnittliche Rendite zu erwarten ist, gelangt dieses Unternehmen auf die Kaufliste. Wann die ermittelten Rendite-Erwartungen ein Kaufsignal darstellen und wann sie uns ein Halte- bzw. ein Ausstiegssignal liefern, wollen wir Ihnen im Folgenden aufzeigen.

Wenn wir eine begründete Erwartung über den zukünftigen wahren Unternehmenswert haben, können wir berechnen, wie stark der jetzige Unternehmenswert wachsen muss, um diesen zukünftigen Wert zu erreichen. Damit wissen wir auch, wie sich unsere Investition wahrscheinlich verzinsen wird.

Die hier vorgestellten Berechnungsmodelle helfen Ihnen, den inneren Wert eines Unternehmens einzuschätzen. Es sind relativ einfache Berechungsmodelle.

„Wenn man Infinitesimalrechnung bräuchte, müsste ich wieder Zeitungen austragen. Ich habe noch nie festgestellt, dass Algebra notwendig wäre. Im Grunde versucht man, den Wert eines Unternehmens zu bestimmen. Es ist richtig, dass man das Ergebnis durch die Anzahl der in Umlauf befindlichen Aktien teilen muss; dividieren muss man also können ... Ob man das Richtige gekauft hat oder nicht, hängt davon ab, wie viel Gewinn das Unternehmen in der Zukunft zu machen imstande ist, und wie sich dieser Betrag zu dem verhält, den man für den Vermögenswert zahlen soll."

Warren Buffett, 1994

Da nur äußerst beständige Unternehmen gut planbar sind, können Sie auch nur bei diesen eine verlässliche Zukunftsprognose wagen. Ein Unternehmen, das in den letzten 10 Jahren mit einer großen Beständigkeit seine Gewinne jährlich um beispielsweise 15 % steigern konnte, wird in Zukunft aller Wahrscheinlichkeit nach kontinuierlicher wachsen als eine Gesellschaft, die sich in der Vergangenheit sehr ungleichmäßig entwickelt hat.

1.7.1   Marktwert vs. innerer, wahrer Unternehmenswert

Der Marktwert eines Unternehmens berechnet sich aus der Anzahl der Aktien multipliziert mit dem Kurs der Aktie. Der Marktwert wird auch Marktkapitalisierung genannt. Wenn Sie jetzt wissen wollen, wie sich der Kurs der Aktie entwickelt, müssen Sie wissen, ob das Unternehmen seinen Marktwert steigern kann.

Wenn Sie sich Gedanken über den zukünftigen Unternehmenswert gemacht haben und zu einer Schätzgröße oder Prognose gelangt sind, können Sie daraus die Wertsteigerung Ihrer Aktie ableiten.

Es gibt letztlich keine allgemeingültige Formel für die Berechnung des inneren Wertes. Es gibt aber Methoden, die sich in der Vergangenheit als sehr gute Richtschnur erwiesen haben.

„Man muss etwas nicht zwingend zum billigstmöglichen Preis kaufen. Es muss nur zu einem Kurs angeboten werden von dem Sie denken, dass er nied-

riger ist als der Wert des Unternehmens – und das muss von ehrlichen, fähigen Menschen geleitet werden. Aber wenn man sich für weniger als den derzeitigen Wert in eine Firma einkaufen kann und Vertrauen in die Leitung hat, und wenn man dann eine Gruppe von solchen Unternehmen kauft, verdient man höchstwahrscheinlich Geld. "

Warren Buffett, 1994

Um bei der Prognose des zukünftigen Unternehmenswertes auf der sicheren Seite zu sein, wenden wir 3 verschiedene Verfahren an:

➤ Diskontmodell

➤ Zukünftiger Unternehmenswert auf Basis der Gewinne pro Aktie und des Kurs-Gewinn-Verhältnisses (KGV)

➤ Zukünftiger Unternehmenswert auf Basis der Eigenkapitalrendite und des Kurs-Gewinn-Verhältnisses (KGV)

Erst wenn alle 3 Verfahren zufriedenstellende Ergebnisse hervorbringen, bewerten wir dies als einen Einstiegszeitpunkt.

1.7.2 Zukünftiger Unternehmenswert ermittelt mit dem Diskontmodell

Das Konzept, einen zukünftigen Geldfluss (Cashflow) abzuzinsen um zu einem Gegenwartswert zu kommen, ist ein Standardwerkzeug der Finanz- und Wirtschaftsanalyse. Sie finden diese Methode in der Literatur auch vielfach unter dem Begriff DCF-Methode (Discounted-Cashflow-Methode).

Empirische Untersuchungen bestätigen, dass zwischen den zukünftigen Marktwerten von Unternehmen und den nach der DCF-Methode berechneten Unternehmenswerten ein sehr großer Zusammenhang besteht. Der wesentliche Gedanke besteht darin, dass Geld, das Sie in der Zukunft erhalten, heute weniger wert ist als Geld, das Sie jetzt schon haben (denn Sie könnten Ihr Geld heute auch verzinslich anlegen und hätten dann in der Zukunft mehr Geld).

Als Teilhaber eines Unternehmens interessieren Sie sich vor allem dafür, was Ihr Unternehmen zukünftig erwirtschaftet, also welchen Cashflow Ihr Unternehmen erzeugt.

Sehr plastisch beschreibt Timothy P. Vick in seinem Buch „*Geld verdienen mit Warren Buffett*" den Sachverhalt am Beispiel eines hypothetischen Haushalts. Sinngemäß sagt er:

„*Würde ein Haushalt über 50 Jahre jedes Jahr 10.000 $ Gewinn erwirtschaften, so hätte ein Aktionär letztlich einen Teilanspruch auf einen Gesamtgewinn von 500.000 $. Allein durch die Inflation, die den Wert künftiger Gewinne aufzehrt, kommt der innere Wert des Haushaltes nicht annähernd an die 500.000 $ heran. Die Berücksichtigung der Inflationsrate allein reicht aber noch nicht aus. Sie müssen auch noch berücksichtigen, was Sie bei einer risikolosen Anlage Ihres Geldes anderweitig hätten erwirtschaften können.*"

In den Erläuterungen zu den Qualitätskriterien haben wir bereits den „Netto-Cashflow" definiert (siehe Seite 83). Um das Problem hoher Investitionen zu berücksichtigen, werden vom Cashflow die Sachinvestitionen abgezogen. Nun versuchen wir, den zukünftigen Netto-Cashflow des Unternehmens zu schätzen. Da es sich bei unseren Top-Unternehmen um sehr beständige Unternehmen handelt, verwenden wir den Netto-Cashflow des Vorjahres und versehen diesen mit der durchschnittlichen Wachstumsrate der letzten Jahre.

Beispiel:
Ein Unternehmen erzielte im letzten Jahr beispielsweise einen Netto-Cashflow von 1.000 €. In den letzten Jahren gelang es dieser Gesellschaft, den Netto-Cashflow jährlich um durchschnittlich 10% zu steigern. Wir würden in diesem Fall für das erste zu prognostizierende Jahr mit 1.100 Mio € Netto-Cashflow rechnen (1.000 plus 10%). Im 2. Jahr mit 1.210 € (1.100 plus 10%) usw.

Nun müssen wir feststellen, was uns der so ermittelte zukünftige Cashflow heute wert ist. Dazu diskontieren wir ihn. Je höher der Zinssatz ist, desto schneller wächst Ihr Geld. Geld, das Sie jetzt haben, ist also bei einem hohen

Zinssatz mehr wert als bei einem niedrigen. Und Geld, das Sie in der Zukunft bekommen, ist bei einem hohen Zinssatz relativ gesehen weniger wert als bei einem niedrigen.

Da Sie bei der Discounted-Cashflow-Methode immer mit dem zukünftigen Cashflow der Unternehmen rechnen, hängt der Wert des Unternehmens sehr stark von der Wahl des Diskontierungssatzes ab. Eine hohe Diskontierungsrate bringt einen niedrigeren Unternehmenswert hervor, eine niedrige Diskontierungsrate einen hohen Unternehmenswert.

In unserem Modell haben wir als Diskontierungsrate die Rendite der US-Staatsanleihe mit 30-jähriger Laufzeit gewählt. Dies ist der jährliche Zinssatz, den Sie erhalten, wenn Sie Ihr Geld 30 Jahre risikolos anlegen. Sinken die Anleiherenditen, steigt der Unternehmenswert und umgekehrt.

Dies ist eine vergleichsweise niedrige Diskontrate (die zu einem vergleichsweise hohen Unternehmenswert führt). In der Literatur ist das umstritten, viele Analysten sind der Auffassung, dass man zu diesem Diskontierungssatz noch einen sogenannten Risikozuschlag für das Unternehmensrisiko hinzurechnen sollte. Wir sind der Auffassung, dass wir diesen Risikozuschlag nicht benötigen, weil wir die Methode nur bei den sichersten Unternehmen der Welt anwenden.

Wir machen es damit übrigens genauso wie Warren Buffett. Erstens eliminieren wir das finanzielle Risiko, welches mit Schuldfinanzierung verbunden ist, indem Firmen mit hoher Verschuldung vom Kauf ausgeschlossen werden. Zweitens wird das Geschäftsrisiko reduziert, indem wir uns auf Unternehmen mit beständigen und vorhersehbaren Gewinnen konzentrieren.

„Viele Leute werden überrascht sein, zu erfahren, dass Buffett einfach den Zinssatz der langfristigen US-Staatsanleihen und nichts anderes anwendet. Akademiker argumentieren, dass ein adäquaterer Diskontsatz der risikofreie Renditesatz plus einer Kapital-Risikoprämie wäre, die aufgrund der Ungewissheit des künftigen Unternehmens-Cashflow hinzugefügt wird. Obwohl Buffett zugibt, dass er bei der Anwendung des langfristigen Satzes schon vorsichtiger ist wenn die Zinssätze fallen, fügt er seiner Formel keine Risikoprämie hinzu, aus dem

einfachen Grund, weil er Risiko von vornherein weitestgehend vermeidet. Erstens eliminiert Buffett das finanzielle Risiko, welches mit Schuldfinanzierung verbunden ist, indem er Firmen mit hoher Verschuldung vom Kauf ausschließt. Zweitens wird das Geschäftsrisiko reduziert, wenn nicht sogar eliminiert, indem er sich auf Firmen mit beständigen und vorhersehbaren Gewinnen konzentriert. "

Hagstrom, *Buffett, Sein Weg. Seine Methode. Seine Strategie.*

Das Ergebnis dieser Berechnung ist ein innerer Unternehmenswert. Beträgt der innere Wert deutlich mehr als der Marktwert, handelt es sich um ein wichtiges Kaufsignal. Viele Investoren sprechen hierbei von einer „Sicherheitsmarge".

Wir gehen bei der Ermittlung der Sicherheitsmargen davon aus, dass die Börse ein Unternehmen langfristig fair bewertet, der Marktwert sich also langfristig dem wahren, inneren Unternehmenswert annähert. Als zu prognostizierenden Zeithorizont wählen wir, wie viele Investoren, einen Zeitraum von 10 Jahren. Dabei kommt es bei der Sicherheitsmarge gemäß diskontiertem Cashflow nicht so sehr auf die absolute Größe an, sondern darauf, wie sich diese Marge bei dem einzelnen Unternehmen verändert. Bei Wachstumsunternehmen sollte die Marge möglichst hoch sein, weil hier hohe Erwartungen für die Zukunft mit hineinspielen, die nicht immer erfüllt werden.

Beispiel: Unternehmenswert-Berechnung mit diskontiertem Cashflow

Aktueller Kurs einer Aktie	50,00 €
Anzahl der Aktien	600 Mio Stück
Marktwert: 50 × 600 Mio =	30.000 Mio €
Cashflow	1.200 Mio €
abzgl. Sachinvestitionen	200 Mio €
Netto-Cashflow	1.000 Mio €
30-jährige US-Rendite	6 %
gesch. Wachstumsrate NCF	12 %
gesch. Wachstum ab dem 11. Jahr	5 %

Sie diskontieren, indem sie den Netto-Cashflow eines jeden Jahres durch den Diskontfaktor dividieren. In unserem Fall würden Sie also im 1. Jahr die 1.000

Jahr	Netto-Cashflow	Diskontsatz 6%	Diskontierter Netto-Cashflow
1	1.000	1,06	(= 1.000/1,06) 943
2	1.000 × 1,12 = 1.120	$1,06^2$	(= 1.120/$1,06^2$) 997
3	1.120 × 1,12 = 1.254	$1,06^3$	(= 1.254/$1,06^3$) 1.053
4	usw. 1.405	$1,06^4$	usw. 1.113
5	1.574	$1,06^5$	1.176
6	1.762	$1,06^6$	1.242
7	1.974	$1,06^7$	1.313
8	2.211	$1,06^8$	1.387
9	2.476	$1,06^9$	1.466
10	2.773	$1,06^{10}$	1.548
	2.773 × 1,05 = 2.912	$1,06^{10}$	12.238 Summe 27.100 Restwert 39.338

Mio € durch 1,06 dividieren und einen diskontierten Netto-Cashflow von 943 Mio € erhalten. Im 2. Jahr berücksichtigen Sie eine Wachstumsrate von 12%, und somit erhalten Sie einen Netto-Cashflow von 1.120 Mio €.

Da Sie im 2. Jahr den Netto-Cashflow zweimal mit dem Faktor 1,06 diskontieren müssen, dividieren Sie nun die 1.120 Mio € durch 1,06 zum Quadrat ($1,06^2$), im 3. Jahr durch $1,06^3$ usw. In unserem Beispiel beträgt die Summe 12.238 Mio €.

Ab dem 10. Jahr werden gleich bleibende Netto-Cashflows angesetzt. Man nennt sie auch eine „ewige Rente". Je weiter eine Zahlung in der Zukunft liegt, desto stärker nähert sich der gegenwärtige Wert einer solchen Zahlung dem Wert Null.

Für die ewige Rente gibt es eine einfache Berechungsformel. Um den Wert der ewigen Rendite im 11. Jahr zu bestimmen, teilen wir den Netto-Cashflow des

11. Jahres durch den Zinssatz und diskontieren das Ergebnis (NCF 11 / 0,06 / 1,06^10). In diesem Fall würde der „Restwert" 27.100 Mio € betragen.

Der innere Wert des Unternehmens beträgt in unserem Beispiel 39.336 Mio €. Bei 600 Mio ausstehenden Aktien würde dies einem fairen Kurs pro Aktie von 65,56 € entsprechen. Das Unternehmen wäre also unterbewertet. Unsere rechnerische Sicherheitsmarge beträgt 15,56 €. In Prozenten ausgedrückt entspricht dies 31,12 % (15,56 / 50 × 100).

31 % ist sicherlich ein zufriedenstellendes Ergebnis. Dieses erste Signal wäre also erfüllt.

1.7.3 Zukünftiger Unternehmenswert auf Basis der Gewinne pro Aktie und des Kurs-Gewinn-Verhältnisses

Nehmen wir noch einmal die aktuellen Unternehmensgewinne (Gewinne pro Aktie, GpA) und wagen eine 10-Jahres-Prognose. Dazu ermitteln wir die durchschnittliche Wachstumsrate der Gewinne für die letzten 10 bzw. 5 Jahre. Mit dieser durchschnittlichen Wachstumsrate rechnen wir auch für die nächsten 10 Jahre. Als Ergebnis erhalten Sie eine Gewinnprognose für das 10. Jahr.

Vorsicht: Dieses Modell ist nur bei großen, stabilen Unternehmen realistisch. Kleine Wachstumsunternehmen haben in den Anfangsjahren zum Teil extrem hohe Wachstumsraten, die sich dann schnell verlangsamen.

Jetzt benötigen Sie das Kurs-Gewinn-Verhältnis (KGV). Das Kurs-Gewinn-Verhältnis lässt sich einfach als Kurs der Aktien geteilt durch den Gewinn pro Aktie berechnen. Wenn zum Beispiel die Aktie eines Beispielunternehmens zu 50 € an der Börse notiert und die Gewinne pro Aktie 2,50 € betragen, hätte das Unternehmen ein aktuelles KGV von 20. Alternativ können Sie den Marktwert des Unternehmens durch den Jahresgewinn teilen. Das KGV gibt an, wie oft der Gewinn pro Aktie im Aktienkurs enthalten ist.

Sie können sich auch fragen, welchen Preis (Kurs) Sie zahlen müssen, um einen bestimmten Gewinn zu erhalten. Niedrige Werte besagen, dass das Unternehmen vergleichsweise niedrig bewertet ist, bei einem hohen KGV ist das Unternehmen vergleichsweise hoch bewertet.

In unseren Unternehmens-Analysen können Sie die historischen KGVs der Höchst- und Tiefstkurse der letzten 10 Jahre nachverfolgen.

Nehmen Sie nun das mittlere Kurs-Gewinn-Verhältnis (KGV) der letzten Jahre (arithmetische Mittel). Für das 10. Jahr schätzen Sie das Kurs-Gewinn-Verhältnis. Wenn Sie das durchschnittliche KGV der Vergangenheit nehmen, sind Sie auf der sicheren Seite.

Durch Ihre Schätzung haben Sie einen angenommenen Unternehmensgewinn in 10 Jahren ermittelt. Multiplizieren Sie diesen Gewinn im 10. Jahr mit dem prognostizierten KGV. Damit erhalten Sie eine begründete Annahme über den Unternehmenswert bzw. den Wert der Aktie in 10 Jahren.

Unter Berücksichtigung des Zinseszinses können wir nun eine zu erwartende durchschnittliche Kursrendite ermitteln. Wir haben einen heutigen und einen zukünftigen Unternehmenswert ermittelt. Wenn wir den zukünftigen durch den heutigen Unternehmenswert teilen, bekommen wir den Steigerungsfaktor.

Wenn zum Beispiel ein Unternehmen heute 100 Mio € und nach unserer Schätzung in 10 Jahren 800 Mio € wert ist, haben wir eine Steigerung des Unternehmenswertes von 8. Wenn wir aus der Zahl 8 die 10. Wurzel ziehen (geometrisches Mittel), bekommen wir die durchschnittlich erwartete jährliche Steigerungsrate. Das ist unsere erwartete Rendite aus Wertsteigerungen.

Beispiel:
Der Kurs einer Aktie beträgt derzeit 50 €, die geometrische Wachstumsrate der Gewinne pro Aktie (GpA) betrug über die letzten 10 Jahre 17%, auch im geometrischen 5-Jahres-Durchschnitt betrug sie etwa 17%.

Das Unternehmen wurde in den vergangenen 10 Jahren mit einem durchschnittlichen KGV von 23 bewertet. Der aktuelle Gewinn pro Aktie beträgt 0,70 €.

Jahr	GpA$_{alt}$	Wachs- tumsrate	GpA$_{neu}$	KGV	Kurs
1	0,70	1,17	0,82		
2	0,82	1,17	0,96		
3	0,96	1,17	1,12		
4	1,12	1,17	1,31		
5	1,31	1,17	1,52		
6	1,52	1,17	1,80		
7	1,80	1,17	2,10		
8	2,10	1,17	2,46		
9	2,46	1,17	2,88		
10	2,88	1,17	3,36	23	77,28

Im 1. Jahr würden Sie die 0,70 € Gewinn pro Aktie mit einer Wachstumsrate von 17% versehen und so zu einem Gewinn pro Aktie von 0,82 € für das 2. Jahr gelangen. Im 2. Jahr würden Sie mit 0,82 € weiterrechnen.

Der Gewinn pro Aktie (GpA) wächst unter den oben aufgeführten Voraussetzungen auf 3,36 € an. Multiplizieren wir nun diese Gewinne mit einem KGV von 23 ergibt dies einen Kurs von 77,28 € pro Aktie im 10. Jahr (3,36 × 23 = 77,28).

Unter Berücksichtigung des Zinseszinseffektes entspräche dies einer jährlichen Kurssteigerung von 4,4%, bezogen auf den heutigen Kurs von 50 €. Wenn Sie 50 € 10-mal mit einen Faktor von 1,044 versehen, erhalten Sie 77,28 €. In einigen Jahren mehr, in anderen Jahren weniger.

Die zu erwartende jährliche Kurssteigerung beträgt 4,4% – sicherlich kein besonders hoher Wert. Im vorgenannten Beispiel ist das Kriterium nicht erfüllt.

1.7.4 Zukünftiger Unternehmenswert auf Basis der Eigenkapitalrendite und des Kurs-Gewinn-Verhältnisses

Bei der Berechnung des Unternehmenswertes auf der Basis der Eigenkapitalrendite ermitteln wir, wie das Eigenkapital des Unternehmens im Laufe der Zeit vermutlich wachsen wird und welche Rendite das Unternehmen bisher auf sein Eigenkapital erzielt hat. Damit können Sie einen Unternehmensgewinn für das 10. Jahr berechnen und mithilfe eines geschätzten KGVs den Unternehmenswert bestimmen.

Nehmen Sie das aktuelle Eigenkapital pro Aktie und die durchschnittliche Eigenkapitalrendite. Aus Eigenkapital und Rendite können Sie die Gewinne berechnen. Sie sind einfach das Produkt aus diesen beiden Parametern. Hat das Unternehmen von seinen Gewinnen in der Vergangenheit einen bestimmten Teil einbehalten, dann wächst das Eigenkapital.

Sie können für das 10. Jahr einen neuen Unternehmenswert berechnen (entweder insgesamt oder pro Aktie), indem Sie aus dem neuen (im Laufe der Jahre gestiegenen) Eigenkapital und der Eigenkapitalrendite einen Gewinn ableiten (Gewinn = Eigenkapital × Eigenkapitalrendite).

Aus dem neuen Gewinn und dem durchschnittlichen KGV erhalten Sie den neuen Unternehmenswert. Wenn Sie nun den neuen durch den alten Unternehmenswert teilen, erhalten Sie den Steigerungsfaktor. Aus diesem ziehen Sie die 10. Wurzel und erhalten die Steigerungsrate.

Beispiel:
Der Eigenkapitalwert einer Aktie beträgt 2 € (Eigenkapital des Unternehmens / Aktienanzahl = Eigenkapital je Aktie) bei einem Aktienkurs von 50 €. Dem Unternehmen gelingt es, die durchschnittliche Eigenkapitalrendite der Vergangenheit von 30% auch in der Zukunft beizubehalten. Zusätzlich werden,

wie auch in der Vergangenheit, 60% der Gewinne einbehalten und können dem Eigenkapital zugeführt werden. Unter diesen Vorraussetzungen steigt der Wert des Eigenkapitals je Aktie im 10. Jahr auf 10,47 € an.

Jahr	EK je Aktie$_{alt}$	Gewinne je Aktie, EK-Rendite (30%)	Einbehaltene Gewinne (60%)	EK je Aktie$_{neu}$
1	2,00	0,60	0,36	2,36
2	2,36	0,71	0,42	2,78
3	2,78	0,84	0,50	3,29
4	3,29	0,99	0,59	3,88
5	3,88	1,16	0,70	4,58
6	4,58	1,37	0,82	5,40
7	5,40	1,62	0,97	6,37
8	6,37	1,91	1,15	7,52
9	7,52	2,26	1,35	8,87
10	8,87	2,66	1,60	10,47

Im 1. Jahr würde das Unternehmen 0,60 € Gewinn pro Aktie erwirtschaften (30% von 2 €). Davon werden wie in der Vergangenheit 60% einbehalten und dem Eigenkapital hinzugefügt. Das Eigenkapital pro Aktie würde somit im 2. Jahr auf 2,36 € anwachsen.

Nach dem 10. Geschäftsjahr wäre die Gesellschaft mit einem Eigenkapital pro Aktie von 10,47 € ausgestattet. Sollte es gelingen, wiederum die 30% durchschnittliche Eigenkapitalrendite wie in der Vergangenheit zu erwirtschaften, dann entspräche dies einem Gewinn von 3,14 € pro Aktie (10,47 × 0,3 = 3,14). Dieser Gewinn multipliziert mit dem durchschnittlichen KGV der Vergangenheit von 23 ergibt einen Kurs von 72,22 € (3,14 × 23 = 72,22).

Unter Berücksichtigung des Zinseszinseffektes entspräche dies einer jährlichen Kurssteigerung von 3,7% bezogen auf den heutigen Kurs von 50 € ((72 / 50)(1/10) = 3,7). Auch dies ist keine sonderlich hohe Verzinsung. Im aufgezeigten Beispiel ist dieses Kriterium nicht erfüllt.

1.7.5 Enterprise Value

Der Enterprise Value bezeichnet im Rahmen einer Unternehmensbewertung den geschätzten bzw. errechneten Wert eines Unternehmens unabhängig von seiner Finanzierung.

Der Enterprise Value ist – vereinfacht gesagt – der Börsenwert des schuldenfreien Unternehmens. Er errechnet sich aus der Summe von Börsen- bzw. Marktkapitalisierung zuzüglich Schulden minus Kassenbestand und minus anderer Aktiva, die unmittelbar in Cash umgewandelt werden könnten.

Durch den Enterprise Value können Unternehmen miteinander verglichen werden. Die Kenngröße ist bei Übernahmen wichtig, um das Fremdkapital abzuschätzen. Der Cashbestand wird abgezogen, weil der Käufer dieses Unternehmens sofort darüber verfügen könnte. Die Schulden werden hinzuaddiert, weil er diese sofort übernehmen muss. Achten Sie darauf, dass der Enterprise Value kleiner ist als die Marktkapitalisierung, denn dann hat das Unternehmen mehr Liquidität als Schulden.

2 Small-Cap-Strategie

Investieren in kleine, wachstumsstarke und fundamental gesunde Unternehmen

Eine Anlage in kleine wachstumsstarke und fundamental gesunde Unternehmen bietet Ihnen interessante Chancen. Für unsere Auswahl ist dabei ein nachhaltiges Gewinn- und Umsatzwachstum ein wesentliches Kriterium. „Penny-Stocks" und „Zockerwerte", die noch nie einen Gewinn erwirtschaftet haben, stehen nicht in unserem Beobachtungsfokus. Wir legen Wert auf wachstumsstarke kleine Unternehmen mit Erfolg versprechenden Zukunftsaussichten und soliden Finanzen. In unserem Fokus stehen auch Unternehmen mit einem bereits etablierten und soliden Geschäftsmodell, das noch nicht von der breiten Masse des Marktes entdeckt worden ist.

Auch bei der Anlage in kleine Unternehmen sollten Sie den Anlagegrundsätzen der großen Investoren wie Benjamin Graham, Warren Buffett und Peter Lynch folgen. Als Investor sind Sie Unternehmer. Mit dem Kauf von Aktien erwerben Sie nicht nur ein Stück Papier, sondern einen Anteil an diesen kleinen Unternehmen. Als Unternehmer sind Sie an einem dauerhaften Umsatz- und Gewinnwachstum interessiert. Sie wollen wissen, ob das Management den Wert des Unternehmens effizient steigert, das Betriebskapital sorgfältig verwendet und in der Lage ist, die Profitabilität zu steigern.

Denken Sie an Microsoft. Beim ersten Listing an der NYSE am 13.03.1986 schloss die Aktie von Bill Gates splitbereinigt bei 0,097 $ – heute ist das Papier 25 $ wert. Auch wenn die Aktie seit dem Platzen der Technologieblase an Wert verloren hat, entspricht dies immer noch einer Ver-260-fachung. Die Aktie ist eines der erfolgreichsten Wertpapiere der Welt.

Ein kleines Unternehmen unterliegt oftmals einem größeren Risiko, weil sich das Geschäftsmodell am Markt nicht durchsetzen kann oder der Zugewinn von Marktanteilen sich schwieriger darstellt als ursprünglich angenommen. Um Fehlentwicklungen frühzeitig entgegenwirken zu können, sollten die fundamentalen Daten kleiner Unternehmen einer kontinuierlichen Beobachtung unterliegen.

2.1   Renditevergleiche

Vergleich der Renditen nach der Unternehmensgröße

James P. O'Shaughnessy, der renommierte US-Finanzexperte, hat in seinem Buch *„Die besten Anlage-Strategien aller Zeiten"* die Rendite-Entwicklung einer Aktienanlage nach Marktkapitalisierung untersucht. In dieser empirischen Studie zeigte er anhand eines Anlagebetrages von 10.000 $, investiert am 31.12.1951, die Ergebnisentwicklung über einen Zeitraum von 45 Jahren auf. Für uns sind die Ergebnisse der Untersuchungen bezüglich einer Anlage in kleine Unternehmen interessant.

Hier kam O'Shaughnessy beim Vergleich „Alle Aktien" gegenüber „Kleine Aktien" zu folgendem Ergebnis.

Vergleich „Alle Aktien" gegen „Kleine Aktien"

Alle Aktien	Kleine Aktien
2.677.557 $	3.319.218 $

Dabei betrachtete O'Shaughnessy die Gruppe „Alle Aktien" mit einer Marktkapitalisierung über inflationsbereinigte 150 Mio $. Bei den kleinen Unternehmen waren für die gute Performance hauptsächlich Aktien mit einer Marktkapitalisierung von < 25 Mio $ verantwortlich.

Bei einer Aufteilung der Aktien nach Marktkapitalisierung sieht die Entwicklung folgendermaßen aus:

Vergleich nach Marktkapitalisierung

Marktkapitalisierung	Ertrag
< 25 Mio $	806.444.130,00 $
25 < 100 Mio $	7.767.454,00 $
100 < 250 Mio $	3.432.526,00 $
250 < 500 Mio $	3.425.430,00 $
500 < 1 Mrd $	1.953.056,00 $
> 1 Mrd $	1.618.012,00 $

Allerdings ist diese fantastische Rendite der Anlage in Aktien mit einer Marktkapitalisierung < 25 Mio $ reine Theorie. In der Praxis ist ein Investment in diese Aktien oftmals nicht praktikabel, weil in den meisten Fällen gar kein Handel stattfindet und in anderen Fällen die Geld-Brief-Spanne bei 100% liegt.

Aktien mit einer Marktkapitalisierung zwischen 25 Mio und 100 Mio $ sowie zwischen 100 Mio und 250 Mio $ und zwischen 250 Mio und 500 Mio $ übertreffen in der Rendite die „Großen Aktien", dies allerdings bei einem höheren Risiko.

Mit dem Sharpe Ratio misst man die Rendite unter Berücksichtigung des eingegangenen Risikos. Diese Kennzahl wurde vom Nobelpreisträger William F. Sharpe entwickelt. Es wird dabei von der Performance einer Kapitalanlage die Verzinsung einer risikolosen Anlage abgezogen, danach wird das übersteigende Ergebnis durch das eingegangene Risiko der Investition geteilt. Man erhält eine Größe, die sowohl die Performance als auch das Risiko gleichermaßen berücksichtigt.

Je höher das Sharpe Ratio, desto besser schneiden die Portfolio-Renditen im Verhältnis zum Risiko des Investments ab.

Das Sharpe Ratio für „Alle Aktien" beträgt 44, für Aktien mit einer Marktkapitalisierung

➤ von 25 Mio bis 100 Mio $ 44
➤ von 100 Mio bis 250 Mio $ 41
➤ von 250 Mio bis 500 Mio $ 46
➤ von 500 Mio bis 1 Mrd $ 42
➤ über 1 Mrd $ 41

Mit einer Investition in kleine Unternehmen können Sie also eine höhere Rendite als mit einer Anlage in große Unternehmen erzielen.

Marktkapitalisierung Ertrag
Eine weitere Untersuchung führte zu einem überraschenden Ergebnis: O'Shaughnessy hat auch „Große Aktien" mit den „Marktführern" verglichen. Die „Marktführer" konnten eine ähnlich hohe Rendite wie die „Kleinen Aktien" erzielen, allerdings bei einem deutlich niedrigeren Risikograd.

Vergleich „Große Aktien" gegen „Marktführer"

Große Aktien	Marktführer
1.590.667 $	3.363.529 $

Durch das deutlich niedrigere Risiko sollten Sie hauptsächlich in diese Top-Unternehmen und wegen des höheren Risikos nur einen kleinen Anlagebetrag in ein kleines Unternehmen investieren. Mit einem Anteil daran können Sie dann an den Chancen, die diese Unternehmen bieten, teilhaben.

2.2   Chancen bei einer Anlage in kleine Unternehmen

Kleine Unternehmen bieten Ihnen einige sehr profitable Chancen: Sie haben so die Möglichkeit ein Unternehmen zu entdecken, das sich zu einem großen Unternehmen entwickeln kann. Sie können hier bereits investiert sein, bevor professionelle Investoren kaufen können. Professionelle Anleger können die

Aktien kleiner Unternehmen nicht einfach kaufen, ohne einen enormen Preisanstieg zu verursachen oder beim Verkauf einen starken Preisverfall zu erzeugen. Fondsmanager kaufen Aktien in Größenordnungen, die einer Übernahme des kleinen Unternehmens gleich kämen. Ausnahmen bilden die Fondsmanager spezieller Small-Cap-Fonds.

Sie können also vor einer „Entdeckung" durch professionelle Investoren bereits investiert sein und dann bei deren Einstieg an der Kursentwicklung teilhaben. Manchmal wird ein kleines Unternehmen auch das Kaufobjekt eines großen Unternehmens. Hier können Sie vom meist höheren Übernahmeangebot profitieren.

Kleine Unternehmen unterliegen einer stärkeren Volatilität, mit deren Hilfe Sie öfter einmal Aktien zu einem günstigeren Preis kaufen können. Der Kauf einer Aktie zu einem günstigen Preis bedeutet für Sie immer eine höhere Rendite – wobei ein günstiger Preis nicht heißt, dass Sie einen Anteil an einem kleinen Unternehmen kaufen sollten, dessen schlechte Unternehmensdaten den Kursverfall verursachten.

Suchen Sie nach kleinen Unternehmen, deren fundamentale Daten überzeugen. Wenn der Markt den Wert dieses kleinen Unternehmens noch nicht erkannt hat, ergibt sich für Sie die Möglichkeit, die Aktie günstig zu erwerben, bevor es der breite Markt für sich entdeckt.

„Growth" und „Value"

Kleine Unternehmen kann man in zwei Ansätze einteilen, in Growth (Wachstum) und Value (Wert); die Unterschiede sind jedoch oftmals fließend. Ein gutes Wachstumsunternehmen muss auch über eine solide finanzielle Basis verfügen und in der Lage sein, den Unternehmenswert zu erhöhen. Ein wertbeständiges Qualitätsunternehmen weist normalerweise auch solide Wachstumsraten auf, weshalb wir sowohl auf das Wachstum als auch auf einen günstigen Preis achten.

Der Wachstums- oder Growth-Ansatz
Wachstumsstarke junge Unternehmen verfügen oftmals über ein hohes Kurs-Gewinn-Verhältnis. Sie sind häufig teurer als Unternehmen mit geringeren Wachstumsraten. Aufgrund überproportionaler Wachstumsaussichten und einer glänzenden Zukunft sind Investoren bereit, einen höheren Preis für diese Anteilsscheine zu bezahlen. Bei jungen Wachstumsunternehmen ist daher ein hohes Umsatz- und Gewinnwachstum von zentraler Bedeutung.

Der Wert- oder Value-Ansatz
Die Aktien dieser kleinen beständigen Unternehmen mit einer soliden Finanzkraft werden unter ihrem Wert gehandelt. Betroffen sind häufig Unternehmen, die der Markt gerade vernachlässigt, weil das Unternehmen momentan nicht attraktiv erscheint, ein langweiliges Produkt oder eine wenig ansprechende Dienstleistung anbietet. Hier spielt der Preis eine bedeutende Rolle.

2.3   Messbare Auswahlkriterien

Jahresumsatz bis 1 Mrd $ bzw. 750 Mio €
Bei der Analyse nehmen wir als Definition für die Unternehmensgröße statt der Marktkapitalisierung den Jahresumsatz. Wir konzentrieren uns damit mehr auf die Unternehmensdaten als auf die markttechnischen Daten.

Wir suchen Unternehmen mit einem Jahresumsatz bis 1 Mrd $ bzw. 750 Mio €. Damit befindet sich das Unternehmen noch nicht im Fokus professioneller Anleger.

Umsatzwachstum und Gewinnwachstum gleich oder größer 15%
Wir fordern von diesen jungen Unternehmen jährliche Wachstumsraten von gleich oder größer 15%. Unter Berücksichtigung des Konjunkturzyklus können in einer rückläufigen Wirtschaft oder Rezession aber durchaus Wachs-

tumsraten von 10% berücksichtigt werden. Diese können sogar qualitativ besser sein als 15% in Boom-Phasen.

Sinkende oder stagnierende Wachstumsraten stellen ein Alarmsignal dar und erfordern weitere Nachforschungen, um die Ursachen dafür festzustellen. Weiter achten wir darauf, dass die Wachstumsraten von Umsatz und Gewinn nicht zu weit auseinander liegen. Wenn nämlich der Umsatz schneller wächst als der Gewinn, schmälert das die Umsatzrendite, von der wir aber eine ansteigende Tendenz erwarten.

Das Verhältnis Gewinnwachstum zu Umsatzwachstum sollte den Faktor 1 nicht unterschreiten. Ebenso legen wir Wert darauf, dass selbst wenn Umsatz- und Gewinnwachstum gleich schnell wachsen, auch der Gewinn pro Aktie proportional dazu steigt. Ein langsameres Wachstum des Gewinns pro Aktie deutet auf eine Verwässerung der Aktienanzahl hin. Die Ursache dafür ist häufig die vermehrte Ausgabe von Aktienoptionen an das höhere Management.

Umsatzrendite gleich oder größer 7%
Die Umsatzrendite gibt an, wie viel von jedem Euro oder jedem Dollar Umsatz als Gewinn beim Unternehmen bleibt. Je höher sie ausfällt, desto stärker ist die Marktstellung und umso eher können Kostenerhöhungen oder Preissenkungen verkraftet werden. Eine hohe Umsatzrendite zeugt von einem guten Management, das die Wirtschaftlichkeit des Unternehmens nicht aus den Augen verliert. Ein schnelles Wachstum kann beispielsweise relativ einfach über den Umsatz verbilligter Ware erzielt werden, was dazu führt, dass zum Schluss nicht genügend Geld in der eigenen Kasse bleibt.

Bei einem Wachstumsunternehmen legen wir Wert auf eine jährliche Umsatzrendite von mindestens 7%. Positiv wäre, wenn hier eine über die Jahre hin steigende Tendenz erkennbar ist.

Bei Einzelhändlern liegen die Umsatzrenditen branchenspezifisch etwas niedriger. Zum Vergleich: Die durchschnittliche Umsatzrendite der Unternehmen aus dem S&P 500 beträgt 7% und die aller Nasdaq-Unternehmen 3,1%.

Positiver Cashflow

Durch den Cashflow, der bei einem von uns fokussierten Unternehmen immer positiv sein muss, erhalten wir eine klare Aussage über die Finanzkraft des Unternehmens. Der Cashflow legt ganz bestimmte Finanzflüsse offen, die bei einer Betrachtung des Gewinns nicht sichtbar sind. Mit einem Cashflow, der viel höher als der Gewinn ist, können wir dem Unternehmen eine ausgezeichnete Finanzsituation unterstellen. Ein Cashflow, der 20% geringer als der Gewinn ist, ist noch akzeptabel. Jedoch bei einem Abschlag von ca. 35% vom Gewinn ist ein Blick auf die Debitoren und Vorräte nötig, denn deren starker Anstieg sollte immer ein Alarmsignal sein.

Handelsvolumen ca. 350.000 Stück pro Monat

Wir wollen ein niedriges, aber doch handelbares tägliches Volumen. Ein niedriges Handelsvolumen zeigt uns, dass die Aktie noch unentdeckt ist und nicht im Fokus der professionellen Anleger oder Medien steht. Um das Risiko der Illiquidität zu vermeiden, muss die Aktie aber handelbar sein. Das durchschnittliche Handelsvolumen pro Monat sollte in der Größenordnung von rund 350.000 Stück pro Monat liegen.

Aktienbesitz der Führungskräfte gleich oder größer 10%

Mit der Aktie erwerben Sie einen Teil des Unternehmens. Führungskräfte, die einen hohen Anteil an Aktien ihres Unternehmens besitzen, werden mit hoher Wahrscheinlichkeit auch wie Unternehmer agieren. Sie werden eher das Interesse des Unternehmens vertreten und sich für dessen Wohl einsetzen. Der Besitz von Aktienoptionen dagegen verleitet Führungskräfte zu sehr, ihre Handlungsweisen an der Steigerung des Aktienkurses zu messen und nicht an der Steigerung des Unternehmenswertes.

Aktienpreis mindestens 5 € bzw. $

Der Preis der Aktie sollte mindestens 5 € bzw. $ betragen, denn mit „Penny-Stocks" wollen wir uns nicht befassen. Hinter solch einem Kursverfall stehen häufig fundamentale Probleme des Unternehmens, selbst wenn die Wachstumsraten noch stimmen. Als Ursachen eines starken Kursverfalls sind häufig Überschuldung oder starke Verluste auszumachen.

Eigenkapitalrendite mindestens 15%

Die Eigenkapitalrendite ist der Ertrag des investierten Eigenkapitals eines Unternehmens. Hierbei teilen Sie den Jahresgewinn durch das Eigenkapital und erfahren so, wie sich das Eigenkapital des Unternehmens verzinst.

Auf eine hohe Eigenkapitalrendite bei gleichzeitig geringem Verschuldungsgrad legen wir besonders bei einem kleinen Value-Unternehmen Wert. Die durchschnittliche Eigenkapitalrendite der letzten Jahre sollte mindestens 15% betragen. Damit liegt die Eigenkapitalrendite über den durchschnittlichen Kapitalkosten von rund 11%, namentlich Zinsen. Zu den Kapitalkosten gehören die Eigenkapital- und die Fremdkapitalkosten.

Bei einem kleinen Unternehmen ist es wichtig, dass die Eigenkapitalrendite im Laufe der Jahre ansteigt. Das deutet darauf hin, dass unser kleines Unternehmen stetig besser wird.

Eigenkapitalquote mindestens 30%

Die Eigenkapitalquote ist der prozentuale Anteil des Eigenkapitals an der Bilanzsumme. Das heißt, je höher die Eigenkapitalquote ist, desto niedriger ist der Verschuldungsgrad, und desto weniger Geld geht für Zinszahlungen aus dem Unternehmen heraus.

Alle Kriterien der Small-Cap-Strategie auf einen Blick

1. Jahresumsatz bis 1 Mrd. $ bzw. 750 Mio €
2. Umsatzwachstum > 15%
3. Gewinnwachstum > 15%
4. Umsatzrendite > 7%
5. Cashflow (immer positiv)
6. Handelsvolumen ca. 350.000 Stück/Monat
7. Aktienbesitz der Führungskräfte > 10%
8. Aktienpreis mindestens 5 € bzw. $
9. Eigenkapitalrendite > 15%
10. Eigenkapitalquote > 30%

3   Joel Greenblatt

Die Zauberformel

Einige von Ihnen haben vielleicht schon von der legendären Zauberformel nach Joel Greenblatt gehört. Greenblatt studierte an der University of Pennsylvania und schloss sein Studium mit dem Bachelor of Science und dem Master of Business Admininstration ab. 1985 startete er den Hedgefond Gotham Capital mit 7 Mio $.

Er rief eine Website ins Leben, auf der Investoren ihre Anlageideen bewerten lassen konnten. Über die Website werden jede Woche 5.000 $ Preisgeld für die beste Idee vergeben. In seinem Buch „Die Zauberformel" veröffentlichte er seine Investmentstrategie.

In keiner Phase Geld verloren

Die Zauberformel von Investmentprofi Joel Greenblatt berücksichtigt den Investmentgrundsatz, Qualitätsaktien zu einem sehr günstigen Preis zu kaufen. In den letzten 20 Jahren konnte mit seinen Auswahlkriterien die Rendite der Aktien-Indizes deutlich übertroffen werden. Diese Strategie funktioniert nicht in jedem Jahr. Anleger, die nach dieser Auswahl jedoch 3 Jahre angelegt haben, hätten in keiner Phase Geld verloren. Sie sollten diese Strategie daher über mehrere Jahre praktizieren. Es handelt sich dabei um eine mechanische Investmentstrategie mit festen Kriterien.

3.1 Joel Greenblatts Auswahlkriterien

➤ Banken, Versicherungen, Finanzdienstleister und Versorger werden aussortiert.

➤ Unternehmen mit einer Marktkapitalisierung unter 50 Mio. werden aussortiert.

➤ Es gelangen nur Qualitätsaktien mit einer Eigenkapital-Rendite > 25% in die Auswahl.

➤ Die EK-Rendite wird auf Basis der letzten Ist-Gewinne berechnet.

➤ Die Auswahl wird aufsteigend nach dem KGV sortiert. Preiswerte Qualitätsaktien stehen dadurch an oberster Stelle. Das KGV wird auf Basis der letzten Ist-Gewinne und dem aktuellem Kurs berechnet.

➤ Werte mit einem KGV < 5 werden aussortiert, denn hier könnte etwas Außergewöhnliches passiert sein oder noch anstehen.

➤ Kaufen Sie 5 bis 7 hoch eingestufte Aktien mit 20 bis 33% des für diese Strategie vorgesehenen Kapitals.

➤ Kaufen Sie alle 2 bis 3 Monate 5 bis 7 Aktien dazu. So haben Sie nach zehn Monaten rund 30 Aktien im Depot.

➤ Verkaufen Sie die Aktien nach einem Jahr und ersetzen Sie sie durch neue Aktien.

3.2 Ergebnisse der Zauberformel

Jahr	Aktien mit Marktkapitalisierung		S&P 500
	> 1 Mrd $	> 50 Mio bis 1 Mrd $	
1988	29,4	27,1	16,6
1989	30,0	44,6	31,7
1990	-6,0	1,7	-3,1
1991	51,5	70,6	30,5
1992	16,4	32,4	7,6
1993	0,5	17,2	10,1
1994	15,3	22,0	1,3
1995	55,9	34,0	37,6
1996	37,4	17,3	23,0
1997	41,0	40,4	33,4
1998	32,6	25,5	28,6
1999	14,4	53,0	21,0
2000	12,8	7,9	-9,1
2001	38,2	69,6	-11,9
2002	-25,3	-4,0	-22,1
2003	50,5	79,9	28,7
2004	27,6	19,3	10,9
2005	28,9	11,1	4,9
2006	18,1	28,5	15,8
2007	7,1	-8,8	5,5
2008	-38,8	-39,3	-37,0
2009	58,9	42,9	26,5
Mittelwert	22,6	27,0	11,4

jährliche Ergebnisse und Mittelwert in Prozent

4 Dividenden-Strategien

Investieren nach Graham, O'Higgins und Sheard

Die 30 DAX-Unternehmen werden 2015 mehr an Dividende auszahlen als je zuvor. Die meisten Ausschüttungen finden in Deutschland im April und Mai statt. Wer am Tag der Hauptversammlung Aktionär ist, erhält die Dividende aus dem Gewinn, der im vergangenen Jahr erwirtschaftet wurde. In den USA werden überwiegend Quartalsdividenden gezahlt.

Dividendentitel legen im Kurs stärker zu
Dividenden sind nicht zu verachten. Studien haben ergeben, dass sie über mehrere Jahrzehnte rund 40% der Wertentwicklung des DAX ausmachen. Die anderen 60% sind Kurssteigerungen. Nachgewiesen ist auch, dass Unternehmen mit hohen Dividenden auch im Kurs stärker zulegen als der Marktdurchschnitt. Am Tag nach der Dividendenzahlung geht der Kurs um den Betrag der Dividende zurück. Diese Lücke wird aber meistens relativ schnell wieder geschlossen.

Dividendentitel verfügen oft über ein stabiles Geschäftsmodell
Aktien mit hoher Dividendenrendite entwickeln sich langfristig besser als der Gesamtmarkt. Dieses Plus kommt nicht von ungefähr, denn die Unternehmen mit hoher Dividendenrendite zeichnen sich durch stabile Geschäftsmodelle mit hohen Cashflows aus. Unternehmen, die kontinuierlich hohe Dividenden zahlen, stellen damit ihre Leistungs- und Wettbewerbsfähigkeit unter Beweis. Zudem wirkt eine hohe Ausschüttung disziplinierend auf das Management. Vorstände, die regelmäßig einen Großteil des Gewinns ausschütten, sind gezwungen, die verbleibenden Mittel effizient zu investieren. Die Rendite auf das eingesetzte Kapital verbessert sich, die Gewinne steigen und damit auch die Kurse.

Zusatzeinkommen im Ruhestand

Optimal ausgeschöpft werden die Gewinnchancen bei Dividendenpapieren, wenn die gezahlten Dividenden wieder in Aktien investiert werden. Die große Wirkung des Zinseszinses wird bei der langfristigen Kapitalanlage oft unterschätzt.

Auf der anderen Seite bieten Ihnen Aktien mit hoher und kontinuierlicher Ausschüttung im Ruhestand ein jährliches Zusatzeinkommen. Dieses Einkommen kann zwar je nach Wirtschaftslage schwanken, es macht jedoch den Besitz einer gewissen Aktienquote auch im Alter sinnvoll.

Dividenden-Strategien sind mechanische Strategien

In diesem Kapitel stellen wir Ihnen verschiedene Varianten der Dividenden-Strategie vor. Es geht dabei um mechanische Strategien, die sich bestens für konservative Investoren eignen. Ein großer Vorteil besteht darin, dass sie sehr einfach sind und keinen großen Research-Aufwand erfordern. Zudem sind sie auch risikoarm, da nach diesen Strategien die Anleger nur in solide und unterbewertete Substanzwerte investieren. Und schließlich führen sie zu Renditen, die weit über dem Marktdurchschnitt liegen.

Die Grundidee stammt von Benjamin Graham, dem Ur-Vater aller Value-Investoren. Graham riet 1949 in seinem Buch „*The Intelligent Investor*" den Anlegern, in die 10 Dow-Jones-Werte mit dem niedrigsten KGV zu investieren und die Aktien erst nach Ablauf von 1 bis 5 Jahren zu veräußern. Der Vorteil einer Investition in Dow-Jones-Werte ist, dass sie nebenbei hohe und sichere Dividendenzahlungen abwerfen. Graham wies statistisch nach, dass seine Methode die Rendite-Entwicklung des Dow Jones deutlich übertraf.

Michael O'Higgins griff die Dow-Strategie von Graham auf und verfeinerte sie. In seinem Buch „*Beating the Dow*" riet er 1991 den Anlegern, aus den 10 Dow-Jones-Werten mit der höchsten Dividendenrendite die 5 Aktien mit den optisch niedrigsten Kursen zu bestimmen und dann ihr Geld in gleich hohen Teilbeträgen in diese 5 Aktien exakt 1 Jahr lang anzulegen. Nach Ablauf von 1 Jahr wird das Prozedere wiederholt. Wie zuvor Graham konnte auch Michael O'Higgins die Überlegenheit seiner Strategie gegenüber der Rendite-Entwicklung des Dow Jones statistisch nachweisen.

Die O'Higgins-Strategie ist auch in Deutschland mit großem Erfolg getestet worden. Der DAX trat an die Stelle des Dow Jones als Auswahlindex. Beide Indizes bestehen aus 30 Substanzwerten.

Robert Sheard ging 1998 in seinem Buch „The Unemotional Investor" noch einen Schritt weiter und prüfte auf der Grundlage der Dow-Jones-Strategie von Michael O'Higgins weitere Dividenden-Strategien mit dem Ziel, die erzielbare Rendite zu verbessern.

Im folgenden Diagramm haben wir für Sie die Stationen der Dividenden-Strategie veranschaulicht:

Benjamin Graham
„The Intelligent Investor" (1949)

Michael O'Higgins
„Beating the Dow" (1991)

Robert Sheard
„The Unemotional Investor" (1998)

Es bleibt noch anzumerken, dass alle Strategien sowohl die Steuern als auch die Transaktionskosten unberücksichtigt lassen. Wir werden auf diese Thematik zum Schluss dieses Kapitels noch einmal kurz eingehen.

4.1 Benjamin Graham

Benjamin Graham legte 1934 mit seinem Buch „Security Analysis" den Grundstein für die fundamentale Analyse von Wertpapieren. Das Werk liefert auch heute noch viele wertvolle Einblicke für professionelle Investoren und Analysten. Im Jahr 1949 schrieb Graham das Buch „The Intelligent Investor". In dem Buch diskutiert Graham sichere und renditeträchtige Strategien speziell für Privatinvestoren. Warren Buffett schreibt in der neuen Auflage das Vorwort zu diesem Buch. Dort gibt er dem Privatinvestor den folgenden wichtigen Ratschlag:

„Ihre Aufgabe ist es, Ihre Emotionen unter Kontrolle zu halten. "

Emotionen wie Angst und Gier führen zu unterdurchschnittlichen Anlage-Ergebnissen. Das hat Graham bereits früh erkannt. Deshalb riet er den Privatanlegern mitunter zu mechanischen Anlage-Strategien. Bei einer mechanischen Anlage-Strategie gibt es feste Anlageregeln, die der Privatanleger „blind" umsetzen muss. Der Privatanleger verfügt demnach über keinerlei Ermessensspielräume.

Eine sehr erfolgreiche mechanische Anlage-Strategie ist die Dow-Dividenden-Strategie, die 1991 von Michael O'Higgins popularisiert wurde.

Es war aber Benjamin Graham, der hierfür die geistigen Grundlagen schuf. Graham hatte beobachtet, dass der Aktienmarkt populäre und „modische" Aktien überbewertet und unpopuläre Aktien systematisch unterbewertet. Dabei legte er sein Augenmerk besonders auf die großen Substanzwerte im Dow Jones. Er schreibt in seinem Buch für Privatanleger „The Intelligent Investor":

„Wichtig bei dieser Anlage-Strategie ist, dass man sich ausschließlich auf die sehr großen Gesellschaften konzentriert. [...] Kleinere Gesellschaften erholen sich nach aller Erfahrung kursmäßig nicht so schnell wie die großen. Hinzu kommt, dass die kleineren Gesellschaften untergehen können, während die größeren Unternehmen sich im Normalfall schnell wieder erholen. "

Graham konzentrierte sich auf die großen Substanzwerte im Dow Jones, weil diese Aktien über eine hohe fundamentale Sicherheit verfügen und prinzipiell eine hohe und sichere Dividende abwerfen. Er riet dann den Anlegern, aus den 30 Dow-Jones-Werten die 6 bis 10 Werte mit dem niedrigsten KGV auszuwählen. Die Werte mit dem niedrigsten KGV erschienen ihm als unpopulär und unterbewertet. Die erworbenen Aktien sollten erst nach Ablauf von 1 bis 5 Jahren veräußert werden. Graham ging davon aus, dass der Aktienmarkt Zeit benötigt, um die Unterbewertung einer Aktie abzubauen. Bei Dow-Jones-Werten kann der Anleger neben den Kursgewinnen zudem auch hohe Dividendenerträge vereinnahmen.

Graham verwies darauf, dass seine Strategie, die unpopulären Aktien im Dow Jones zu kaufen, auch erfolgreich getestet wurde. In der Zeit von 1937 bis 1969 war die Kursentwicklung der unpopulären Dow-Aktien nur in 3 Jahren schlechter als die Dow-Jones-Performance. Die folgende Tabelle zeigt Ihnen die Ergebnisse der Untersuchung, auf die Graham hinwies. Dabei wurde ein Anfangskapital von 10.000 $ jährlich neu in die 10 Dow-Jones-Aktien mit dem niedrigsten KGV umgeschichtet:

Zeitperiode	10 Dow-Aktien nach Graham	Alle 30 Dow-Aktien
1937–1942	–2,2%	–6,3%
1943–1947	17,3%	14,9%
1948–1952	16,4%	9,9%
1953–1957	20,9%	13,7%
1958–1962	10,2%	3,6%
1963–1969	8,0%	4,0%

Jährliche Durchschnittsergebnisse (in Prozent) 1937 bis 1969

Wir stellen fest, dass die mechanische Anlage-Strategie von Graham eine deutliche Überperformance gegenüber dem US-Industrieindex Dow Jones aufwies. Graham verschwieg aber auch die Tatsache nicht, dass seine Anlage-Strategie nicht in jedem Jahr funktioniert. Die Anlageergebnisse von 1917 bis 1933 waren nicht überzeugend. Diese Strategie bietet also keine absolute Erfolgs-garantie.

Es bleibt anzumerken, dass Benjamin Graham keine Angaben über die Kurs-volatilität der Aktien im Dow Jones machte – die moderne Wirtschaftswis-senschaft setzt ja die Volatilität der Aktien mit ihrem Risiko gleich. Das lehnt Graham speziell im Falle der 30 führenden Industriewerte im Dow Jones ka-tegorisch ab.

Die Dow-Werte verfügen nur über ein geringes fundamentales Risiko, sodass eine hohe Kursvolatilität nicht mit einem Vermögensrisiko verbunden ist. Er empfiehlt konservativen Anlegern, sich an bekannten und konservativ finan-zierten Aktiengesellschaften zu beteiligen, um dadurch das Risiko zu mini-mieren. Die Dow-Strategie, die wir Ihnen hier vorstellen, erfüllt diese Krite-rien.

Dow-Jones-Strategie von Graham
➤ Kaufen Sie die 6 bis 10 „unpopulärsten" Dow-Jones-Werte.

➤ Das KGV ist das Primärkriterium für den Grad der Popularität bzw. Unter-bewertung der Aktien im Dow Jones. Je niedriger das KGV, desto unpopu-lärer die Aktie.

➤ Es folgt: Kaufen Sie die 6 bis 10 Dow-Jones-Werte mit dem niedrigsten KGV und damit implizit mit einer hohen Dividendenrendite.

➤ Halten Sie die Aktien 1 bis 5 Jahre lang in Ihrem Depot, damit der Aktien-markt die Unterbewertung abbaut.

➤ Die Strategie ist einfach und besitzt klar definierte Kriterien (emotionslose Strategie).

➤ Die Strategie erfordert wenig Research-Aufwand.

4.2   Michael O'Higgins

Benjamin Graham benutzte für die Auswahl der 10 unpopulärsten Dow-Jones-Werte das KGV als Primärkriterium. Substanzwerte aus dem Dow Jones werfen eine relativ hohe Dividendenrendite ab, falls Börsenkurs und KGV sinken. Graham benutzte also die Dividendenrendite faktisch als ein nachrangiges (Sekundär-)Kriterium.

Ende der 1980er Jahre schlug John Slatter vor, für die Auswahl der 10 unpopulärsten Dow-Jones-Werte die Dividendenrendite als Primärkriterium zu verwenden. Nach dieser Idee werden die 10 Dow-Jones-Werte mit der höchsten Dividendenrendite als unpopulär betrachtet und nach einem Vorschlag des US-Börsenmagazins Barron's als „Dogs of the Dow" bezeichnet. Es war der US-Vermögensverwalter Michael O'Higgins, der 1991 mit seinem Buch „*Beating the Dow*" die Dow-Dividenden-Strategie weiter verfeinerte und sie in großem Stil popularisierte.

Michael O'Higgins übernahm den Kerngedanken von Benjamin Graham sowie den Vorschlag von John Slatter und fügte der Dow-Strategie ein neues Element hinzu: Er sortierte die 10 Dow-Jones-Werte mit der höchsten Dividendenrendite nach dem optisch niedrigsten Börsenkurs. Daraus wählte er die 5 Dow-Jones-Aktien mit dem optisch niedrigsten Kurs. Der Grund: O'Higgins hatte beobachtet, dass Aktien mit einem niedrigen Börsenkurs eine höhere Kursvolatilität aufweisen.

Wir erinnern uns: Benjamin Graham lehrte uns, dass eine hohe Kursvolatilität bei Substanzwerten nicht auf ein Risiko hindeutet, da diese Unternehmen fundamental sicher sind. Im Umkehrschluss bedeutet dies, dass eine hohe Kursvolatilität bei Dow-Aktien eher als eine Chance aufzufassen ist, falls temporäre Probleme zu einem Kurssturz führen. James O'Shaughnessy hat in einer empirischen Untersuchung, die bis in das Jahr 1928 zurückreicht, die Annahme von Michael O'Higgins bestätigt.

Die folgende Tabelle zeigt die Ergebnisse der Untersuchung von James O'Shaughnessy für den Zeitraum 1928 bis 1991.

Strategie	Volatilität p. a.
10 Dogs of the Dow	22,14%
O'Higgins-Strategie	25,10%

Volatilität (gemessen als Standardabweichung in Prozent p. a.) der zugrunde liegenden Strategien für den Zeitraum 1928 bis 1991

Wir stellen fest, dass die 5 optisch billigsten Aktien im Dow Jones volatiler sind. Das nahm Michael O'Higgins zum Anlass, seine Strategie folgendermaßen zu definieren: Stellen Sie am Ende des Börsenjahres (31.12.) fest, welche 10 Dow-Jones-Aktien die höchste Dividendenrendite aufweisen. Kaufen Sie daraus zu Beginn eines Jahres (01.01.) die 5 Dow-Jones-Aktien mit dem optisch niedrigsten Aktienkurs zu gleichen Anteilen und halten Sie die Aktien ein Jahr lang unverändert in Ihrem Depot. Nach einem Jahr stellen Sie Ihr Depot anhand dieser Kriterien neu zusammen.

Die Strategie von Michael O'Higgins trägt den Namen „Small Dogs of the Dow" oder „Low-5"-Strategie oder einfach nur „O'Higgins-Strategie".

Michael O'Higgins wählte den 31.12. eines Jahres als festen Bezugspunkt aus, um empirische Tests durchzuführen. Sie können natürlich auch einen anderen Zeitpunkt wählen und dann nach der O'Higgins-Strategie vorgehen. Sie können die Dividendenrendite einer Aktie nach der Formel „Jahresdividende pro Aktie dividiert durch den aktuellen Aktienkurs" selbst ermitteln und ein Depot nach der O'Higgins-Strategie auflegen. O'Higgins führte auch ein Backtesting seiner Strategie durch und kam zu dem Ergebnis, dass seine Strategie über einen längeren Zeitraum hinweg den zugrunde liegenden US-Leitindex Dow Jones systematisch schlug:

Zeitperiode	alle Aktien des Dow Jones	O'Higgins-Strategie
1973–1998	13,00%	20,70%

Die Kursperformance der O'Higgins-Strategie im Vergleich zum Dow Jones (in Prozent p. a.)

Zum Vergleich: In den Jahren 1991 bis 2001 erzielte die „Dogs of the Dow"-Strategie eine Performance von 15,0% p. a. Das ist weniger als die O'Higgins-Strategie und sogar weniger als die Performance des Dow Jones. Die O'Higgins-Strategie schnitt in den letzten Jahren im Vergleich zum Dow Jones nicht so gut ab.

Das beweist, dass es sich um eine langfristige Strategie handelt, die nicht unbedingt permanent funktioniert.

Zeitperiode	alle Aktien des Dow Jones	O'Higgins-Strategie
1997	24,90%	20,50%
1998	17,90%	12,30%
1999	27,20%	–5,00%
2000	–4,70%	12,00%
2001	–5,40%	–3,00%

Die Kursperformance der O'Higgins-Strategie im Vergleich zum Dow Jones von 1997–2001. In den Jahren 1997, 1998 und 1999 hat die Strategie nicht funktioniert.

Ein weiterer Grund, warum die O'Higgins-Strategie in diesen Jahren nicht mehr gut funktioniert, ist die hohe Anzahl der professionellen und privaten Anleger, die sich nach dieser Strategie richten. Experten schätzen, dass professionelle Anleger in den USA mittlerweile rund 40 Mrd $ nach dieser Strategie anlegen.

„Beating the DAX"

Die Investmentbank Merrill Lynch hat die Dow-Dividenden-Strategie auf diversen Aktienmärkten weltweit getestet und kam zu dem Ergebnis, dass die Strategie von Michael O'Higgins in Europa nur in Deutschland hervorragende Ergebnisse liefert. Nach einer Studie von GeneralCologne Re Capital GmbH im Auftrag des Verlags für die Deutsche Wirtschaft AG, Bonn, ergaben sich über einen Zeitraum von 20 Jahren folgende Resultate:

01/82–09/01	kumulierte Rendite	Rendite p. a.	Volatilität p. a.
DAX	938,79%	12,64%	19,99%
O'Higgins-Strategie	5.556,08%	22,78%	20,97%

Vergleich der O'Higgins-Strategie mit der Kurs-Performance des DAX für den Zeitraum von Januar 1982 bis September 2001

Ein weiteres Ergebnis der Studie war der höchste Kursgewinn/Kursverlust beim DAX und bei der O'Higgins-Strategie:

O'Higgins-Strategie		DAX	
Jahresgewinn max.	Jahresverlust min.	Jahresgewinn max.	Jahresverlust min.
74,32%	–20,88%	66,43%	–30,18%
1.1.1994	1.1.1991	1.1.1986	1.1.1988

Höchster Gewinn und Verlust innerhalb des Jahres bei der O'Higgins-Strategie und dem DAX

Zudem war gemäß der Studie in der Zeit von 01/1982 bis 09/2001 die Wahrscheinlichkeit dafür, dass der DAX eine negative Rendite aufwies, viel höher als bei der O'Higgins-Strategie:

01/1982–09/2001	Wahrscheinlichkeit für eine negative Rendite
DAX	24,21%
O'Higgins-Strategie	13,80%

In der nachstehenden Tabelle sind die Jahresrenditen des DAX und der O'Higgins-Strategie (Low 5) für die Jahre von 1986 bis Ende 2014 einzeln aufgeführt:

Die Tabelle zeigt deutlich den Vergleich der O'Higgins-Strategie mit dem DAX für den Zeitraum von 1986 bis 2014. Das Durchschnittsergebnis des DAX lag bei 9,6% p. a., mit der O'Higgins-Strategie bei 17,7% p. a.

Jahr	DAX	O'Higgins-Strategie*	Differenz in Prozent
1986	6,6%	13,0%	+6,4
1987	-30,2%	-6,4%	+23,8
1988	33,4%	75,1%	+41,7
1989	32,8%	55,9%	+23,1
1990	-20,4%	-18,6%	+1,8
1991	11,8%	17,5%	+5,7
1992	-2,1%	5,3%	+7,4
1993	43,3%	75,2%	+31,9
1994	-4,8%	9,0%	+13,8
1995	7,0%	13,2%	+6,2
1996	28,2%	44,6%	+16,4
1997	47,1%	46,5%	-0,6
1998	17,0%	21,1%	+4,1
1999	39,0%	66,5%	+27,5
2000	-7,6%	5,6%	+13,2
2001	-19,2%	-20,5%	-1,3
2002	-43,9%	-37,8%	+6,1
2003	32,6%	64,1%	+31,5
2004	5,9%	15,0%	+9,1
2005	24,2%	26,9%	+2,7
2006	18,6%	32,2%	+13,6
2007	19,9%	20,5%	+0,6
2008	-40,9%	-58,8%	-17,9
2009	23,8%	26,0%	+2,2
2010	16,9%	6,1%	-10,9
2011	-15,1%	-23,5%	-8,4
2012	27,8%	13,9%	-13,9
2013	16,8%	6,8%	-10,0
2014	3,2%	7,8%	+4,6
Durchschnitt	**9,4%**	**17,3%**	**+7,9**

*O'Higgins-Rendite = Kursrendite + durchschnittlich 4% Dividendenrendite

Diese Zahlen verdeutlichen auch, dass sich eine langfristig orientierte Strategie nach O'Higgins (Low-5-Strategie) lohnt. Im Zeitraum von 1986 bis Ende 2014 ist im Durchschnitt trotz ein paar schwacher Jahre eine deutliche Überrendite gegenüber dem „Markt" von durchschnittlich 7,9% erzielt worden!

Zusammenfassung der O'Higgins-Strategie

➤ Wählen Sie die 10 Aktien aus dem Dax- oder Dow-Jones-Index mit der höchsten Dividendenrendite.

➤ Wählen Sie daraus die 5 Aktien mit dem niedrigsten Kurs (O'Higgins-Strategie oder Low-5-Strategie).

➤ Investieren Sie in alle 5 Aktien den gleichen Geldbetrag.

➤ Warten Sie 12 Monate und schichten Sie dann Ihr Depot entsprechend wieder um.

➤ Die O'Higgins-Strategie ist einfach, sicher und führt zu (Über-)Renditen.

➤ Beachten Sie: Das ist eine langfristige Strategie. Vergangene Erfolge sind keine Garantie für die Zukunft.

4.3 Robert Sheard

Nach der Veröffentlichung der Low-5-Strategie im Jahr 1991 im Buch „*Beating the Dow*" gab es zahlreiche Versuche, die O'Higgins-Strategie zu modifizieren, um damit eine noch höhere Rendite zu erzielen.

Wir wollen Ihnen in diesem Abschnitt einige Strategien von Robert Sheard vorstellen. Er übernahm die O'Higgins-Strategie, modifizierte sie und erzielte damit eine weit höhere Rendite als mit der Low-5-Strategie.

Der Grundgedanke von Robert Sheard war simpel: Er führte in der Low-5-Strategie Gewichtungen ein. Er nahm die 5 mittels der O'Higgins-Strategie ermittelten Aktien nicht 1:1 in seinem Depot auf, sondern gewichtete sie derart, dass er den ihm zur Verfügung stehenden Geldbetrag ungleich auf die Aktien verteilte. Der Grund: Robert Sheard hatte beobachtet, dass die Aktien im Low-5-Depot sich völlig uneinheitlich entwickeln. Er ging deshalb dazu über, diejenigen Aktien im Low-5-Depot geringer zu gewichten, die systematisch und dauerhaft eine geringere Kurs-Performance aufwiesen.

Das Ausgangsdepot von Robert Sheard ist das Low-5-Depot gemäß der O'Higgins-Strategie, d. h. die 5 aus den 10 dividendenträchtigsten Dow-Aktien, die den optisch niedrigsten Aktienkurs aufweisen.

Low-4-Strategie (Motley-Fool-Strategie)

O'Higgins hatte in seinem Buch „*Beating the Dow*" die Beobachtung gemacht, dass sich die Dow-Aktie mit dem niedrigsten Kurs aus dem Low-5-Depot sehr schlecht entwickelte. Er äußerte die Vermutung, dass das Unternehmen in einer fundamental sehr schwierigen Lage stecken müsse. Die Aktie des Unternehmens brauche somit länger als 1 Jahr, um sich wieder zu erholen. Im Gegensatz dazu legte die Aktie mit dem zweitniedrigsten Kurs erstaunlich gut zu. Robert Sheard diskutiert deshalb in seinem Buch die Möglichkeit, die Aktie mit dem optisch niedrigsten Aktienkurs vollständig aus dem Depot zu entfernen und dafür die Aktie mit dem zweitniedrigsten Aktienkurs doppelt zu gewichten.

Diese Variante der Low-5-Strategie von O'Higgins war ursprünglich von Motley Fool entwickelt worden. Die folgende Tabelle zeigt die zugrunde liegenden Gewichtungen im Low-5-Depot gemäß der Low-4-Strategie:

Low-5-Depot	Gewichte
niedrigster Aktienkurs	0%
zweitniedrigster Aktienkurs	40%
drittniedrigster Aktienkurs	20%
viertniedrigster Aktienkurs	20%
fünftniedrigster Aktienkurs	20%

Low-2-Strategie

Robert Sheard machte die Beobachtung, dass die Aktie mit dem niedrigsten Kurs aus dem Low-5-Depot sich nur dann schlecht entwickelt, wenn sie zugleich die höchste Dividendenrendite von allen 10 „Dogs of the Dow"-Aktien besitzt. In einem solchen Fall nimmt er die Aktie überhaupt nicht in sein Depot auf. Dafür kommen die Aktien mit dem zweit- und drittniedrigsten Kurs gleichgewichtet ins Depot.

Wenn aber die Aktie mit dem optisch niedrigsten Kurs nicht die höchste Dividendenrendite aufweist, wird sie gleichgewichtet mit der Aktie mit dem zweitniedrigsten Kurs ins Depot aufgenommen.

Bei dieser Strategie befinden sich demnach immer Aktien von 2 verschiedenen Unternehmen im Depot, die jeweils mit 50% gewichtet werden.

Low-5-Depot	Gewichte
niedrigster Aktienkurs	50% oder 0%
zweitniedrigster Aktienkurs	50%
drittniedrigster Aktienkurs	0% oder 50%
viertniedrigster Aktienkurs	0%
fünftniedrigster Aktienkurs	0%

Low-1-Strategie

Bei dieser Strategie wird nur die Aktie mit dem optisch zweitniedrigsten Aktienkurs ins Depot aufgenommen. Dieser Strategie liegt die Beobachtung zu-

Low-5-Depot	Gewichte
niedrigster Aktienkurs	0%
zweitniedrigster Aktienkurs	100%
drittniedrigster Aktienkurs	0%
viertniedrigster Aktienkurs	0%

grunde, dass sich die Aktie mit dem optisch zweitniedrigsten Kurs besser als die anderen entwickelt.

Bei allen Strategien wird das Depot jährlich neu zusammengestellt. Robert Sheard unterzog die hier vorgestellten Strategien einem Backtesting und kam zum folgenden Ergebnis:

Zeitperiode	Low-2	Low-1	Low-4	Dow-Jones-30
1971–1996	25,81% p. a.	24,64% p. a.	22,91% p. a.	13,30% p. a.

Performance der modifizierten O'Higgins-Strategien für die Jahre 1971 bis 1996 (in Prozent pro Jahr)

Erläuterungen:
Dow-Jones-30: alle Aktien des Dow Jones
Low-4: die 4 Aktien aus dem Low-5-Depot nach Robert Sheard (diese Strategie wurde früher von Motley Fool vertreten; inzwischen nahm Motley Fool weitere Modifikationen vor)
Low-2: die 2 Aktien nach den Kriterien von R. Sheard
Low-1: die Aktie aus dem Low-5-Depot mit dem zweitniedrigsten Kurs

Wir stellen fest, dass über einen Zeitraum von 26 Jahren die Low-2-Strategie nach Robert Sheard im Vergleich zum Dow-Jones-Index eine annähernd doppelt so gute Performance aufwies. Das darf angesichts des „Wunders der Zinseszinsen" nicht unterschätzt werden. Wenn Sie im Zeitraum von 1971 bis 1996 Ihr Depot nach der Low-2-Strategie von Robert Sheard jährlich neu zusammengestellt hätten, wäre Ihr Kapital von 10.000 $ auf über 3,9 Mio $ angewachsen. Dagegen hätte eine Anlage in den Dow Jones im gleichen Zeitraum nur 257.026 $ erbracht.

Die hier vorgestellten Strategien übertrumpfen sogar das Low-5-Depot der Strategie von O'Higgins. Das Low-5-Depot nach der O'Higgins-Strategie brachte im Zeitraum 1973 bis 1998 eine Rendite von 20,70% p. a. ein.

Beachten Sie, dass Sie ein höheres Risiko in Kauf nehmen, um diese hohe Rendite von Robert Sheard zu erzielen. Bei der Low-2-Strategie haben Sie Aktien von nur 2 Unternehmen in Ihrem Depot. Sie kennen die Weisheit: „*Legen Sie nicht alle Eier in einen Korb*". Die Dow-Jones-Werte sind zwar fundamental sicher, bieten aber keinen vollständigen Schutz vor Verlusten. Sie erinnern sich: Benjamin Graham, der Begründer der Dow-Strategie, gab den Anlegern den Rat, mindestens 6 Dow-Aktien ins Depot aufzunehmen; auf keinen Fall sollten es weniger sein. Michael O'Higgins reduzierte die Anzahl der Aktien auf 5. Das ist akzeptabel. Die Strategien von Robert Sheard bergen aber ein hohes Risiko.

Die Tabelle auf der gegenüberliegenden Seite listet nochmals die jährlichen Renditen der wichtigsten Strategien im Detail auf. Die Tabelle macht das hohe Risiko der Low-1-Strategie deutlich. Im Jahr 1994 haben Anleger, die ihr Depot jährlich nach dieser Strategie umschichten, einen horrenden Verlust von 37,4% hinnehmen müssen. Damit brach das Depotvermögen um mehr als 1 Drittel ein, während der Dow Jones im Jahr 1994 eine positive Rendite von 4,9% aufwies.

Erläuterungen:
Dow-Jones-30: alle Aktien des Dow Jones
10 Dow Dogs: die 10 Aktien aus dem Dow Jones mit der höchsten Dividendenrendite („Dogs of the Dow")
Low-5: die 5 Aktien aus den 10 Dogs of the Dow mit dem optisch niedrigsten Kurs
Low-1: die Aktie aus dem Low-5-Depot mit dem zweitniedrigsten Kurs

Seien Sie sich der Tatsache bewusst, dass sich die Strategien von Robert Sheard – wenn überhaupt – nur für einen Teil des gesamten Depotvermögens eignen.

Jahr	Low-1	Low-5	10 Dow Dogs	Dow-Jones-30
1973	73,4%	19,6%	3,9%	–13,1%
1974	–41,7%	–3,8%	–1,3%	–23,1%
1975	157,2%	70,1%	55,9%	44,4%
1976	55,1%	40,8%	34,8%	22,7%
1977	4,3%	4,5%	0,9%	–12,7%
1978	1,0%	1,7%	–0,1%	2,7%
1979	–10,1%	9,9%	12,4%	10,5%
1980	50,6%	40,5%	27,2%	21,5%
1981	27,3%	0,0%	5,0%	–3,4%
1982	95,3%	37,4%	23,6%	25,8%
1983	36,1%	36,1%	38,7%	25,7%
1984	–2,8%	12,6%	7,6%	1,1%
1985	26,4%	37,8%	29,5%	32,8%
1986	29,6%	27,9%	32,1%	26,9%
1987	3,3%	11,1%	6,1%	6,0%
1988	19,5%	18,4%	22,9%	16,0%
1989	12,9%	10,5%	26,5%	31,7%
1990	–17,4%	–15,2%	–7,6%	–0,4%
1991	185,6%	61,9%	39,3%	23,9%
1992	69,1%	23,1%	7,9%	7,4%
1993	39,1%	34,3%	27,3%	16,8%
1994	–37,4%	8,6%	4,1%	4,9%
1995	21,7%	30,5%	36,7%	36,4%
1996	28,1%	26,0%	27,9%	28,9%
1997	51,8%	20,5%	21,9%	24,9%
1998	21,9%	12,3%	10,6%	17,9%
(p.a.)	26,3%	20,7%	17,9%	13,0%

Zusammenfassung Robert Sheard
- ➤ Wählen Sie die 10 Aktien aus dem Dow Jones mit der höchsten Dividendenrendite.
- ➤ Wählen Sie daraus die 5 Aktien mit dem niedrigsten Kurs (O'Higgins-Strategie oder Low-5-Strategie).
- ➤ Modifizieren Sie die O'Higgins-Strategie nach den Kriterien von R. Sheard.
- ➤ Low-4-Strategie (Motley Fool)
  Entfernen Sie aus dem Low-5-Depot die Aktie mit dem optisch niedrigsten Kurs. Gewichten Sie die Aktie mit dem zweitniedrigsten Kurs mit 40% und alle anderen Aktien mit jeweils 20%.
- ➤ Low-2-Strategie
  Wenn die Aktie mit dem niedrigsten Kurs auch die höchste Dividendenrendite unter den 10 „Dogs of the Dow" besitzt, wird sie eliminiert. Dann kommen die Aktien mit dem zweit- und drittniedrigsten Kurs gleichgewichtet ins Depot. Ansonsten kommen die Aktien mit dem niedrigsten und dem zweitniedrigsten Kurs gleichgewichtet ins Depot.
- ➤ Low-1-Strategie
  Die Aktie mit dem zweitniedrigsten Kurs kommt mit einer Gewichtung von 100% ins Depot. Diese Variation stammt ursprünglich von O'Higgins.
- ➤ Warten Sie 12 Monate und schichten Sie dann Ihr Depot nach denselben Kriterien wieder um.
- ➤ Die Strategien sind einfach und führen zu (Über-)Renditen gegenüber der O'Higgins-Strategie. Allerdings ist das Risiko auch ungleich größer. Legen Sie deshalb – wenn überhaupt – nur einen Teil Ihres Vermögens nach diesen Strategien an.
- ➤ Beachten Sie: Das sind langfristige Strategien. Vergangene Erfolge sind keine Garantie für die Zukunft.

„Beating the DAX"
Wie wir im vorhergehenden Abschnitt zeigten, war die O'Higgins-Strategie für den DAX sehr erfolgreich. Wir haben in Anlehnung an die O'Higgins-Strategie für Sie einige interessante Modifikationen getestet.

Zweijährige Anpassung

Bei der ursprünglichen O'Higgins-Strategie erfolgt die Neuordnung des Depots zu Beginn jedes Kalenderjahres. Eine Alternative besteht darin, den Austausch der Aktien im 2-Jahres-Rhythmus vorzunehmen. Da beim 2-Jahres-Rhythmus jeweils 1 Jahr aus der ursprünglichen Strategie nicht berücksichtigt wird, wurde außer einem Portfolio mit ungeraden Einstiegsjahren auch ein Portfolio mit geraden Einstiegsjahren gebildet. Beide Portfolios wurden der Zeitachse nach übereinander gelegt, um eine gemittelte Renditezahl aus geradem und ungeradem Jahresportfolio zu erhalten.

Die folgende Tabelle beweist, dass die modifizierte O'Higgins-Strategie der ursprünglichen jährlichen Portfolio-Anpassung unterlegen ist:

Jahr	O'Higgins-Strategie	2-Jahres-Strategie
1988	85,87%	85,87%
1989	61,20%	64,13%
1990	−26,79%	−21,94%
1991	23,76%	24,74%
1992	0,37%	−0,35%
1993	76,61%	70,78%
1994	−8,91%	−4,34%
1995	5,20%	10,16%
1996	41,08%	44,15%
1997	90,73%	81,17%
1998	44,30%	17,40%
1999	60,34%	52,54%
2000	5,89%	−7,63%
2001	−22,56%	−20,44%
Durchschnitt (p.a.)	**25,31%**	**23,08%**

Vergleich der 2-Jahres-Strategie mit der nicht modifizierten O'Higgins-Strategie

Halbjährliche Anpassung

Wir wollen darüber hinaus die Strategie behandeln, die Aktien im 6-Monats-Rhythmus auszutauschen. Nach einer Studie von GeneralCologne Re Capital GmbH ergaben sich über einen Zeitraum von 20 Jahren folgende Resultate:

01/82–09/01	kumulierte Rendite	Rendite in% p. a.	Volatilität in% p. a.
O'Higgins-Strategie	5.556,08%	22,78%	20,97%
6-Monats-Strategie	3.414,82%	19,84%	20,78%

Vergleich der 6-Monats-Strategie („modifizierte O'Higgins-Strategie") mit der O'Higgins-Strategie und der Kurs-Performance des DAX für den Zeitraum von Januar 1982 bis September 2001

Wir stellen fest, dass die originale O'Higgins-Strategie bessere Ergebnisse liefert. Demnach besteht kein Anlass, von der ursprünglichen O'Higgins-Strategie abzuweichen und das Depot alle 6 Monate neu zusammenzusetzen.

Dabei haben wir noch nicht einmal die Transaktionskosten und Steuern berücksichtigt! Darüber hinaus zeigt uns die Studie, dass bei der 6-Monats-Strategie im Zeitraum 01/1982 bis 09/2001 eine höhere Wahrscheinlichkeit für eine negative Rendite existierte:

01/1982–09/2001	Wahrscheinlichkeit für eine negative Rendite
O'Higgins-Strategie	13,80%
6-Monats-Strategie	16,34%

Steuern und Transaktionskosten

Bislang blieben Steuern und Transaktionskosten unberücksichtigt. Die Studie von GeneralCologne Re Capital führte ein Backtesting der O'Higgins-Strategie und 6-Monats-Strategie unter Berücksichtigung von Steuern und Transaktionskosten (0,1% Kosten für den An- und Verkauf sowie 0,1% Market-Impact-

Kosten) durch. Bei der Studie unterstellen wir einen Steuersatz von 50% auf Dividenden; Steuern auf Kursgewinne werden nicht berücksichtigt.

01/82–09/01	kumulierte Rendite	Rendite in% p. a.	Volatilität in% p. a.
DAX	938,79%	12,64%	19,99%.
O'Higgins-Strategie	4.666,67%	21,71%	20,94%.
6-Monats-Strategie	2.802,59%	18,68%	20,72%

Vergleich der 6-Monats-Strategie („modifizierte O'Higgins-Strategie") mit der O'Higgins-Strategie im Falle der Berücksichtigung von Steuern und Transaktionskosten für den Zeitraum von Januar 1982 bis September 2001

Wir stellen fest, dass sich an den Ergebnissen nicht viel ändert. Die Nettorendite geht um knapp 1 Prozentpunkt zurück (im Vergleich zu den Strategien ohne Steuern und Transaktionskosten).

Zusammenfassung

➤ Eine zweijährige Anpassung der Aktien im Depot bringt gegenüber der ursprünglichen O'Higgins-Strategie keinen Vorteil.

➤ Ebenso bringt eine halbjährliche Anpassung der Aktien im Depot keinen Vorteil.

➤ Steuern und Transaktionskosten ändern nichts an der grundlegenden Feststellung, dass die O'Higgins-Strategie zu deutlichen Überrenditen gegenüber dem DAX führt.

➤ Beachten Sie: Das ist eine langfristige Strategie. Vergangene Erfolge sind keine Garantie für die Zukunft.

4.4   Schlussbemerkungen

Michael O'Higgins hat auf der Grundlage der antizyklischen Dow-Strategie von Benjamin Graham eine simple Strategie entwickelt, mit der Sie einfach und mit minimalem Research-Aufwand hohe (Über-)Renditen erzielen können. Mit der O'Higgins-Strategie lassen sich die Leitindizes Dow Jones und DAX nachhaltig und systematisch schlagen. Das bedeutet nicht, dass Sie mit dieser Strategie in bestimmten Jahren keine Verluste machen können.

Zum Vergleich: Auf der Basis von offiziellen Micropal-Daten lässt sich verdeutlichen, dass in einer 10-Jahres-Betrachtung nur 14% von 57 weltweit anlegenden Fonds besser waren als ihr Index, von 44 Europa-Fonds schlugen nur 11% ihre Benchmark, d. h. 89% schnitten schlechter ab!

Sie können also mit einer einfachen Strategie sowohl den Markt als auch die meisten Portfoliomanager abhängen! Das ist der wahre Grund für die große Beliebtheit der O'Higgins-Strategie. Voraussetzungen für den Erfolg sind Geduld und Disziplin des Anlegers, um seine Emotionen (Angst und Gier) unter Kontrolle zu halten.

Die Modifikationen von Robert Sheard führen zu einer höheren Rendite, bergen aber zugleich auch höhere Risiken. Nichtsdestotrotz machen die Strategien deutlich, dass der breite Markt zu schlagen ist.

Steuern und Transaktionskosten haben wir – außer im letzten Abschnitt – nicht mit einbezogen. Transaktionskosten sind aufgrund der geringen Transaktionshäufigkeit, die mit dieser Strategie verbunden ist, und aufgrund der niedrigen Gebühren bei Discount-Brokern vernachlässigbar (das macht der letzte Abschnitt deutlich).

Ab dem 01.01.2009 gilt in Deutschland die Abgeltungsteuer. Kursgewinne aus privaten Veräußerungsgeschäften, die beim Kauf und Verkauf von Aktien anfallen, werden pauschal versteuert.

Seit 2009 werden Dividenden in voller Höhe erfasst, indem hierauf 25% Abgeltungsteuer anfallen.

Für schweizerische Anleger sind realisierte Kapitalgewinne steuerfrei. Aber Achtung: In der Schweiz werden gewerbsmäßige Kapitalgewinne von Privatpersonen prinzipiell versteuert. Die Einschätzung ist Ermessenssache der kommunalen (bzw. kantonalen) Steuerbehörden.

5 3-Filter-Strategie

Investieren mit den Kennzahlen von O'Shaughnessy

Die meisten Privatanleger, so die Erfahrung des verstorbenen Börsengurus André Kostolany, agieren an der Börse nicht wie vernünftige Geldanleger, sondern wie Spieler am Roulette-Tisch.

Wer ständig kauft und verkauft und nur den neuesten Tipps und Trends nachjagt, macht nicht sich selbst, sondern über Spesen und Gebühren vor allem die Banken und Brokerhäuser reich („Hin und her macht Taschen leer").

Vor solchem Verhalten warnt einer der renommiertesten US-Finanzexperten, dessen Publikationen zur quantitativen Aktienanalyse von nahezu allen großen Wirtschaftsmagazinen gefeiert wurden, James P. O'Shaughnessy.

Seine Devise: *„Anleger sollten sich wie Odysseus an den Mast binden, um den Sirenenrufen in Form von Gerüchten an der Börse zu widerstehen, und streng bei ihrer Anlage-Strategie bleiben."*

Denn entscheidend für den Anlage-Erfolg ist nicht nur die richtige Auswahl der Papiere, sondern auch die Geduld, langfristig engagiert zu bleiben. Nur wer einen klaren Plan verfolgt und sich nicht von kurzfristigen Entwicklungen irritieren lässt, kann auf Dauer an der Börse Geld verdienen.

Sklavisch durchhalten

O'Shaughnessy untersuchte erstmals empirisch, welche Strategien an der Börse auf lange Sicht wirklich zum Erfolg führen. Das Ergebnis seiner Computeranalyse der Daten von 44 Jahren zwischen 1952 und 1996 zeigt, warum es sich lohnt, Anlage-Strategien genau zu vergleichen.

Aus 10.000 $, die Ende Dezember 1952 an der Wall Street in ausgewählte US-Werte, die bestimmte Kriterien erfüllen, angelegt wurden, waren mit der besten von O'Shaughnessy untersuchten Strategie bis Ende 1996 stolze 13 Mio $ geworden, eine Rendite von durchschnittlich 18,6% pro Jahr. Der S&P 500 schaffte in diesem Zeitraum im Schnitt 11,5% jährlich. Der schlechteste Anlageplan ergab dagegen in gut 4 Jahrzehnten lediglich 2,6% pro Jahr bzw. eine Verdreifachung des eingesetzten Kapitals auf 30.000 $.

Nach Abschluss seiner Analysen war sich O'Shaughnessy sicher: Der Markt belohnt bestimmte Anlage-Strategien, während er andere bestraft.

Wenn diese These zutrifft, warum gelingt es dann nur ganz wenigen professionellen Fondsmanagern, Indizes wie den DAX, Dow Jones oder S&P 500 zu schlagen? Die Antwort: mangelnde Disziplin. O'Shaughnessys oberstes Gebot lautet daher: sklavisches Durchhaltevermögen. Genau deshalb vertraut er bei seinen Investitionen auf Computer und nicht auf Gefühle: *„Computermodelle haben keine Launen, keinen Streit mit ihrer Frau und keinen dicken Kopf von der Nacht zuvor."* Und: Computer lassen sich nicht von alten Mythen verleiten. Mit diesen räumt O'Shaughnessy mächtig auf.

Kurzzeitstudien führen zu verzerrten Ergebnissen

Schauen wir auf die boomenden 1960er-Jahre zurück. Damals konnten tüchtige Fondsmanager innerhalb kurzer Zeit noch ein Vermögen machen. Sie setzten auf wachstumsstarke Unternehmen, und die Strategie ging auch tatsächlich auf. Zwischen 1963 und 1968 wurden aus 10.000 $, die in die 50 wachstumsstärksten Gesellschaften angelegt wurden, 35.000 $ – eine Rendite von 28% pro Jahr. Der marktbreite S&P 500 erzielte im gleichen Zeitraum nur 10% pro Jahr. In den folgenden 5 Jahren führte diese Strategie allerdings nicht mehr zum Erfolg. Das wachstumsorientierte Depot büßte über die Hälfte an Wert ein. Der S&P 500 legte hingegen um 2% zu. Eine ähnliche Entwicklung haben wir zwischen 1996 und Anfang 2000 erlebt.

Viele Menschen glauben immer, dass heute alles ganz anders ist als früher, und dass die Anleger von heute ihre Entscheidungen anders treffen müssen als gestern. Isaac Newton, der beim „South Sea Bubble", einem historischen Börsencrash, ein Vermögen verlor, sagte einmal: „*Ich kann zwar die Bewegung der Himmelskörper berechnen, nicht aber die Bewegung der Börse.*" Und genau dies ist der Punkt, warum Investitionsentscheidungen auf langfristigen Erhebungen beruhen müssen.

Der Kurs einer Aktie wird von Menschen bestimmt, deren Urteilsvermögen von Gier, Angst, Hoffnung und Ignoranz vernebelt wird. Dies führt zu falschen Preisen, die mit der richtigen Anlage-Strategie ausgenutzt werden können. Die Namen der Spieler wechseln. Die Branchen, die gerade in Mode sind, kommen und gehen. Was bleibt, sind die fundamentalen Eigenschaften, die ein gutes von einem schlechten Investment unterscheiden.

5.1 Kriterien von O'Shaughnessy

O'Shaughnessy hat herausgearbeitet, dass die Beachtung bestimmter Kennzahlen über einen langen Zeitraum wesentlich für den Anlage-Erfolg ist.

■ Marktkapitalisierung
In die Betrachtung kommen zunächst nur solche Unternehmen, deren Marktkapitalisierung bzw. Börsenwert höher ist als 150 Mio $. Grund: Die Aktien kleiner Gesellschaften sind auf Grund ihrer Marktenge vielfach kaum handelbar.

■ Konstante Gewinnentwicklung
Entgegen der Auffassung vieler Investoren sind die Verlierer des vergangenen Jahres, also diejenigen Papiere mit den schwächsten prozentualen Veränderungen des Gewinns pro Aktie, auch in diesem Jahr keine gute Kaufgelegenheit. Historisch betrachtet gehören sie sogar zu den schlechtesten Aktien (Verlierer bleiben Verlierer).

Andererseits erweisen sich die Aktien mit dem höchsten Gewinnzuwachs im Vergleich zum Vorjahr, langfristig gesehen, auch nur als durchschnittlich. Zu oft schlägt das Pendel im Folgejahr wieder in die andere Richtung aus. Die Gewinnsteigerungsrate des letzten Jahres ist isoliert betrachtet wertlos, um ein gutes Investment herauszupicken. Entscheidend ist vielmehr der Nachweis eines konstanten Gewinnwachstums über einen längeren Zeitraum.

■ Kurs-Gewinn-Verhältnis (KGV)

Wer auf Papiere mit einem hohen KGV setzt, wagt ein riskantes Spiel. Die aktuellen Lieblinge des Marktes mit den höchsten KGVs zu erwerben, ist einer der größten Fehler. Anleger, die Anfang 2000 kurz vor dem Platzen der Hightech-Blase noch in Unternehmen wie Cisco, Sun Microsystems, Juniper Networks, EMC, Nokia oder in den Neuen Markt eingestiegen sind, können ein Lied davon singen. Wer ständig mehr als das 20fache des Gewinns je Aktie bezahlt, verschenkt auf lange Sicht viel Geld. Ebenso ist ein niedriges KGV grundsätzlich kein Garant für den Erfolg. Zu oft gibt es einen Grund für die geringe Bewertung, wenn nämlich die Gewinnschätzungen zurückgenommen werden müssen. Gewinnbringend ist es aber, wenn Sie sich für große, bekannte Konzerne entscheiden, die ein niedriges KGV aufweisen.

■ Kurs-Umsatz-Verhältnis (KUV)

Auf der Suche nach den Outperformern erwies sich das KUV als sehr wertvoller Indikator. Wer konstant jedes Jahr in die 50 US-Werte mit dem niedrigsten KUV investierte, erreichte im Zeitraum 1952 bis 1996 eine durchschnittliche jährliche Rendite von 16%.

■ Dividendenrendite

Auch bei der Aktienauswahl nach der Dividendenhöhe sollten Anleger vorsichtig sein. O'Shaughnessy hat nachgewiesen, dass die Effektivität von hohen Dividendenrenditen als Erfolgsindikator von der Größe des Unternehmens abhängt. Wer jedes Jahr in die 50 Werte mit der jeweils höchsten Dividendenrendite investierte, blieb weit hinter dem Markt zurück und hatte nach 45

Jahren gerade einmal 1,6 Mio $ erwirtschaftet. Wer sich hingegen konsequent nur auf die Blue Chips mit der höchsten Marktkapitalisierung und besten Dividendenrendite konzentriert hat, fuhr wesentlich besser und kam auf 2,9 Mio $. O'Shaughnessy räumt aber ein: Einfache, disziplinierte Strategien, wie jedes Jahr die 10 Werte des Dow Jones oder DAX mit der höchsten Dividendenrendite zu kaufen, haben sich in den letzten 70 Jahren ausgezahlt.

■ Relative Stärke

Als gutes Auswahlkriterium erweist sich auch die Relative Stärke. Sie ist nach O'Shaughnessy die einzige Wachstumsvariable, die den Markt beständig schlägt. Die einfache Regel: Werte mit schlechter Kursentwicklung im Vergleich zum Vorjahr bleiben schlechte Investments. Wer dagegen immer in die 50 Werte investierte, die sich im Vorjahr am besten entwickelten – die also ein hohes Momentum aufwiesen –, konnte in den USA langfristig 14% Gewinn pro Jahr verbuchen (Gewinner bleiben Gewinner, The Trend is your Friend).

Fazit: Die Kombination mehrerer Kriterien als Königsweg (3-Filter-Strategie)

Eine Kombination der wachstums- und wertorientierten Kriterien erwies sich in der Langzeitbetrachtung als Königsweg. Denn mit der Anzahl der einbezogenen Bestimmungsgrößen steigt der zu erwartende Anlage-Erfolg überproportional. Wer immer die Unternehmen mit

➤ einem Börsenwert von mehr als 150 Mio $

➤ einem KUV <= 1,5

➤ der höchsten Kurssteigerung im Vorjahr und

➤ einer konstanten Gewinnentwicklung in den letzten 5 Jahren

kaufte, konnte jährliche Renditen von durchschnittlich 18,6% verbuchen.

Für die Untersuchungen wurde ein Depot angelegt, das am 31.12.1954 mit 10.000 $ startete, die in 50 Aktien mit der höchsten Relativen Stärke investiert wurden, wobei die übrigen Kriterien natürlich auch erfüllt sein mussten. Alle Werte waren gleich stark gewichtet. In jedem folgenden Jahr wurde überprüft, ob die Kriterien bei den Aktien weiterhin vorlagen. War das nicht der Fall, wurden sie ausgetauscht.

5.2 Studien zu Kennziffern

Studien zur Marktkapitalisierung, zum KGV, KCV, KBV und KUV
O'Shaughnessy hat in Einzeluntersuchungen unter Berücksichtigung verschiedener fundamentaler Kennzahlen bewiesen, dass eine Investition in unterbewertete Aktien langfristig gesehen Erfolg versprechender ist als der Kauf hoch bewerteter Unternehmen.

Zur Überprüfung der Hypothesen wurden dabei – außer für die Studien zur Marktkapitalisierung – Depots entsprechend der o.g. Strukturierung angelegt.

Studien zur Marktkapitalisierung – Sind Blue Chips anderen Aktien überlegen?
O'Shaughnessy unterscheidet zwei Gruppen von Aktien: Die Gruppe „Alle Aktien" und die „Großen Aktien" (Blue Chips). „Große Aktien" sind diejenigen Unternehmen, deren Marktkapitalisierung über dem Durchschnitt aller Aktien liegt. Unter „Alle Aktien" werden diejenigen verstanden, deren Marktkapitalisierung mindestens 150 Mio $ beträgt.

In der folgenden Übersicht sehen Sie, dass sich „Alle Aktien" deutlich besser entwickelt haben als „Große Aktien". Die Frage: In wie viel Perioden zwischen 1951 und 1996 schlagen „Alle Aktien" die „Großen Aktien"?

Periode (1951–1996)	„Alle Aktien" schlagen „Große Aktien" in ...	Prozent
Einzeljahre	26 von 45 Perioden	8%
5-Jahres-Perioden	30 von 41 Perioden	73%
10-Jahres-Perioden	27 von 36 Perioden	75%

Die nächste Tabelle gibt an, was eine Investition von 10.000 $ gebracht hätte. Zum Vergleich wird der Erfolg einer Anlage in den S&P 500 mit einbezogen.

„Alle Aktien"	„Große Aktien"	S&P 500
2.677.557 $	1.590.667 $	1.726.128 $

„Große Aktien" und S&P 500 haben sich ähnlich entwickelt, was auch nicht weiter verwundert, denn eine Investition in den Index ist im Grunde nichts anderes als eine Wette auf die Wertentwicklung großer marktbreiter Blue Chips.

Studien zum KGV – Das Maß der Dinge?

Für viele Anleger ist das KGV das wichtigste, oftmals sogar das einzige Kriterium, wenn es um die Bestimmung des Werts einer Aktie geht. Investoren, die auf niedrige KGVs setzen, gehen davon aus, ein Schnäppchen zu ergattern. Sie glauben generell, dass Käufer von Aktien mit einem hohen KGV unrealistisch hohe Erwartungen an das künftige Gewinnwachstum knüpfen.

Die nachstehende Übersicht zeigt, dass nach KGV hoch bewertete Aktien mit einem Börsenwert von mehr als 150 Mio $ wesentlich schlechter abschneiden als der Gesamtmarkt. Außerdem wird deutlich, dass sich niedrige KGVs vor allem langfristig auszahlen.

Hier lautet die Frage: In wie viel Perioden haben sich hoch bewertete Aktien (KGV) besser entwickelt als der Gesamtmarkt?

Periode (1951–1996)	Die 50 Aktien mit dem höchsten KGV schlugen alle Aktien in ...	Prozent
Einzeljahre	16 von 45 Perioden	36%
5-Jahres-Perioden	11 von 41 Perioden	27%
10-Jahres-Perioden	4 von 36 Perioden	11%

In der folgenden Studie untersuchte Roger Ibbotson alle an der NYSE gehandelten Aktien vom 31.12.1966 bis zum 31.12.1984. Jedes Jahr bildete er aus allen Aktien 10 gleich große KGV-Gruppen.

Das Resultat: Hätte ein Investor jedes Jahr in das am niedrigsten bewertete 10tel des Marktes investiert, hätte er eine jährliche Rendite von 14,08% erzielt. Das am höchsten bewertete 10tel erreichte nur 5,58%. Die durchschnittliche Jahresrendite betrug im Beobachtungszeitraum 8,6%.

Was wäre aus 1.000 $ geworden, wenn Sie Ihr Geld jährlich in das am niedrigsten/höchsten bewertete (KGV) 10tel des Aktienmarkts investiert hätten?

KGV-Gruppe	jährl. Rendite	aus 1.000 $ wurden (1966–1984)
1 (niedrigstes KGV)	14,08%	12.200 $
2	13,45%	11.670 $
3	10,95%	7.210 $
4	10,29%	6.430 $
5	9,20%	5.320 $
6	6,43%	3.270 $
7	7,00%	3.620 $
8	5,57%	2.800 $
9	5,50%	2.770 $
10 (höchstes KGV)	5,58%	2.810 $

O'Shaughnessy prüfte, ob die von Ibbotson gefundenen Erkenntnisse auf alle Aktien zutreffen, unabhängig von der Höhe des Börsenwerts. Dazu teilte er den Markt in zwei Gruppen auf: alle Aktien und die 16% mit dem höchsten Börsenwert. In beiden Gruppen entwickelten sich Depots mit hoch bewerteten Unternehmen wesentlich schlechter als Depots mit niedrig bewerteten. Große Unternehmen schnitten dabei noch um einiges besser ab als kleine und wiesen eine geringere Volatilität auf.

Treffen diese Erkenntnisse auf alle Aktien zu – unabhängig von der Höhe des Börsenwerts?

Börsenwert	KGV	aus 10.000 $ wurden (1951–1996)
hoch	hoch	646.963 $
hoch	niedrig	3.787.460 $
alle Aktien	hoch	558.065 $
alle Aktien	niedrig	2.125.935 $
Aktien mit einem hohen Börsenwert		1.590.667 $
alle Aktien		2.677.557 $

Studien zum KCV – Hohe Zahlungsströme zahlen sich aus
Da der Cashflow schwieriger zu manipulieren ist als der ausgewiesene Gewinn, bevorzugen viele wertorientierte Anleger – besonders im angloamerikanischen Raum – das KCV, um günstige Aktien zu lokalisieren. In der Studie wird gezeigt, dass nach KCV hoch bewertete Aktien mit einem Börsenwert von mehr als 150 Mio $ wesentlich schlechter abschneiden als der Gesamtmarkt. Außerdem wird deutlich, dass sich niedrige KCVs vor allem langfristig auszahlen.

Die Frage: In wie viel Perioden haben sich hoch bewertete Aktien (KCV) besser entwickelt als der Gesamtmarkt?

Periodenlänge (1951–1996)	Die 50 Aktien mit dem höchsten KCV schlugen alle Aktien in ...	Prozent
Einzeljahre	21 von 45 Perioden	47%
5-Jahres-Perioden	11 von 41 Perioden	27%
10-Jahres-Perioden	3 von 36 Perioden	8%

Treffen diese Erkenntnisse auf alle Aktien zu – unabhängig von der Höhe des Börsenwerts?

Börsenwert	KCV	aus 10.000 $ wurden (1951–1996)
hoch	hoch	718.758 $
hoch	niedrig	5.773.330 $
alle Aktien	hoch	334.876 $
alle Aktien	niedrig	4.483.126 $
Aktien mit einem hohen Börsenwert		1.590.667 $
alle Aktien		2.677.557 $

Studien zum KBV – Aktien mit einer hohen Ratio entwickeln sich lausig
Bei Aktien mit einem niedrigen KBV erhält man für sein Geld viel Substanz. Es wird nicht auf Gewinne oder Wachstum gesetzt, sondern auf das Verhältnis des Kurses zum inneren Wert der Aktie. Dieser Indikator ist in letzter Zeit etwas aus der Mode geraten. Teilweise wird argumentiert, dass ein gutes KBV besser ist, weil es für die Fähigkeit des Managements spricht, mit wenig Kapital einen hohen Börsenwert zu erzielen. O'Shaughnessy hat jedoch nachgewiesen, dass nach KBV hoch bewertete Aktien mit einem Börsenwert von mehr als 150 Mio $ langfristig deutlich schlechter abschneiden als der Gesamtmarkt.

Hier lautet die Frage: In wie viel Perioden haben sich hoch bewertete Aktien (KBV) besser entwickelt als der Gesamtmarkt?

Periodenlänge (1951–1996)	Die 50 Aktien mit dem höchsten KBV schlugen alle Aktien in ...	Prozent
Einzeljahre	23 von 45 Perioden	51%
5-Jahres-Perioden	14 von 41 Perioden	35%
10-Jahres-Perioden	12 von 36 Perioden	33%

Treffen diese Erkenntnisse auf alle Aktien zu, unabhängig von der Höhe des Börsenwerts?

Börsenwert	KBV	aus 10.000 $ wurden (1951–1996)
hoch	hoch	893.583 $
hoch	niedrig	5.025.656 $
alle Aktien	hoch	380.440 $
alle Aktien	niedrig	5.490.122 $
Aktien mit einem hohen Börsenwert		1.590.667 $
alle Aktien		2.677.557 $

Studien zum KUV – Der König der wertorientierten Kennzahlen
Zu guter Letzt betrachten wir eine Kennzahl, die sich zugleich auch als die beste erweist.

Genauso wie Investoren, die Aktien mit einem günstigen KGV auswählen, sind auch die Liebhaber niedriger KUVs auf der Suche nach substanziell unterbewerteten Papieren. Es wird sogar vertreten, dass das KUV ein nahezu perfekter Indikator für die Popularität einer Aktie ist und dass, sollte die Kennzahl bereits einen hohen Wert aufweisen, nur noch Hoffnung und Täuschung einen weiteren Kursanstieg bewirken könnten.

So hat auch O'Shaughnessy aufgezeigt, dass nach KUV hoch bewertete Aktien mit einem Börsenwert von mehr als 150 Mio $ wesentlich schlechter abschneiden als der Gesamtmarkt, eine Investition in hoch bewertete Unternehmen geradezu bestraft wird.

In wie viel Perioden haben sich hoch bewertete Aktien (KUV) besser entwickelt als der Gesamtmarkt?

Periodenlänge (1951–1996)	Die 50 Aktien mit dem höchsten KUV schlugen alle Aktien in ...	Prozent
Einzeljahre	15 von 45 Perioden	33%
5-Jahres-Perioden	5 von 41 Perioden	12%
10-Jahres-Perioden	7 von 36 Perioden	19%

Treffen diese Erkenntnisse auf alle Aktien zu, unabhängig von der Höhe des Börsenwerts?

Börsenwert	KUV	aus 10.000 $ wurden (1951–1996)
hoch	hoch	637.434 $
hoch	niedrig	3.853.418 $
alle Aktien	hoch	91.520 $
alle Aktien	niedrig	8.252.734 $
Aktien mit einem hohen Börsenwert		1.590.667 $
alle Aktien		2.677.557 $

Auf der Suche nach dem Stein der Weisen – Die Kombination mehrerer Indikatoren (3-Filter-Strategie)
Wir hatten bereits oben darauf hingewiesen, dass die Kombination mehrerer Auswahlkriterien zu den besten Ergebnissen führt. Betrachten wir die Frage: In wie viel Perioden hat sich die 3-Filter-Strategie besser geschlagen als der Gesamtmarkt?

Periodenlänge (1952–1996)	3-Filter-Strategie schlug alle Aktien in ...	Prozent
Einzeljahre	31 von 44 Perioden	70%
5-Jahres-Perioden	36 von 40 Perioden	90%
10-Jahres-Perioden	35 von 35 Perioden	100%

O'Shaughnessy hat bewiesen, dass mit dieser Kombinations-Strategie aus 10.000 $ nach 44 Jahren 13 Mio $ wurden. Dies entspricht einer durchschnittlichen Jahresrendite von 18,6%. Er konnte zwar mit leicht abgewandelten Modellen ähnliche Resultate erzielen, doch wurden diese mit einem höheren Risiko erkauft.

5.3 Anwendung der 3-Filter-Kriterien

Die 3-Filter-Strategie ist die komplexeste, aber auch Erfolg versprechendste von mehreren der von O'Shaughnessy überprüften Anlage-Strategien. In seinen Aufzeichnungen nennt er sie selbst „Stein-der-Weisen-Strategie". Denn bei seinen Erhebungen, die den amerikanischen S&P 500 über einen 4 Jahrzehnte währenden Zeitraum betrafen, erzielte er mit dieser Vorgehensweise die beste Performance.

Wie wir anfangs gesehen haben, wird bei der 3-Filter-Strategie neben dem KUV und der Relativen Stärke noch ein dritter Filter eingesetzt – der Gewinn. Dieser wird den beiden anderen Kriterien als Eingangsbedingung zugeschaltet. Die Aktienauswahl findet also wie folgt statt:

➤ Grundvoraussetzung ist, dass das Unternehmen ein konstantes Gewinnwachstum aufweist. Denn nur, wenn die Gewinne steigen, kann sich die Aktie nachhaltig positiv entwickeln. Nur diejenigen Aktien, bei denen die Gewinne in den vergangenen 5 Jahren gewachsen sind, kommen in die engere Wahl und in den KUV-Filter.

> Für diese Werte wird das KUV errechnet und eine Rangliste erstellt. Ganz oben stehen diejenigen Titel mit dem niedrigsten, ganz unten die Aktien mit dem höchsten KUV. (Bedingung: KUV<= 1,5). Grundannahme ist: je niedriger das KUV, desto besser.

> Auf das Ergebnis wird nun der 3. Filter angesetzt – die Relative Stärke. Dabei geht es um folgende Überlegung: Grundsätzlich stehen die Chancen für diejenigen Aktien hinsichtlich einer besseren Kursentwicklung gegenüber dem Index besser, die sich auch im Vorfeld als Outperformer präsentierten und dadurch eine hohe Relative Stärke entwickelten.

> Sollte in den folgenden Jahren ein Kriterium nicht mehr erfüllt sein, wird die Aktie verkauft und gegen eine andere ausgetauscht.

6 Wandelanleihen

Wenig verbreitet, aber langfristig überlegen

Wandelanleihen sind unbeliebt und vielen Anlegern auch unbekannt. Doch gerade diese Anlageklasse brachte in der Vergangenheit beachtliche Renditen. Der globale Wandelanleihen-Index JACI Global hat seit 1995 entsprechende Vergleichsindizes für Aktien und Anleihen deutlich hinter sich gelassen. Der Grund: Wandelanleihen verlieren in Krisenzeiten in der Regel weniger als Aktien.

6.1 Günstiges Finanzierungsinstrument

Unternehmen haben in der Regel drei Möglichkeiten, Geld am Kapitalmarkt aufzunehmen: Sie geben Aktien aus und räumen im Gegenzug den Geldgebern ein Mitspracherecht bei der Unternehmensführung ein oder sie emittieren Anleihen und zahlen darauf Zinsen. Die dritte Möglichkeit: Sie emittieren Wandelanleihen (Convertible Bonds), eine Anlageklasse, die zwischen den beiden anderen angesiedelt ist.

Immer mehr Unternehmen entdecken die Wandelanleihe als günstiges Finanzierungsinstrument, denn die Zinszahlung ist zuweilen niedriger als bei einer normalen Unternehmensanleihe. Auf die Ausgabe von Wandelanleihen setzen vor allem Unternehmen aus den Bereichen Rohstoffe, Energie und IT. Aber auch dem Privatanleger bieten Wandler ausgezeichnete Chancen, denn er erhält nicht nur Zinsen, sondern profitiert auch von steigenden Aktienkursen.

6.2   Die Funktionsweise

Wandelanleihen sind spezielle Anleihen, auf die der Anleger einerseits regelmäßig den bei der Emission ausgemachten Zins erhält, die er andererseits aber auch innerhalb einer vorab festgelegten Frist zu einem vorab festgesetzten Kurs in Aktien des Unternehmens eintauschen kann. Man kann eine Wandelanleihe daher auch als Anleihe mit einer Kaufoption auf Aktien bezeichnen. Der Anleger hat also gleichzeitig die Chance, von möglichen Kurssteigerungen zu profitieren. Die Wandlung in Aktien ist spätestens am Ende der Laufzeit der Wandelanleihe möglich, lohnt sich jedoch nur dann, wenn der Aktienkurs über dem Kaufpreis der Wandelanleihe notiert. Andernfalls lässt sich der Anleger den Nominalwert der Anleihe auszahlen.

6.3   Die Chancen

Obwohl der Markt für Wandelanleihen im Vergleich zum Aktien- und Anleihenmarkt relativ klein ist, verdient er doch Beachtung. Derzeit beträgt das Volumen aller weltweit ausstehenden Wandelanleihen rund 600 Mrd $. Davon entfallen 46 % auf die USA, 32 % auf Europa und 22 % auf Asien. In Deutschland fristen Wandelanleihen bei Privatanlegern nur ein Schattendasein. Zu Unrecht, denn die Papiere bringen langfristig beachtliche Renditen.

Wandelanleihen haben in den vergangenen Jahren besser abgeschnitten als andere Wertpapiergattungen. Wer 1995 in solche Schuldscheine investierte, kann sich, gemessen am Wandelanleihen-Index JACI Global, über einen Wertzuwachs von 150 % freuen. Aktien haben es auf ein Plus von 40 % gebracht. Der Grund: Die Kurse der Wandelanleihen sind sowohl nach dem Platzen der Technologie-Blase Anfang des Jahrtausends als auch in der jüngsten Finanzkrise weniger stark eingebrochen. Dies wiederum liegt daran, dass Anleger entscheiden können, ihre Wandelanleihe nicht in Aktien einzutauschen, sondern sich das geliehene Geld am Ende der Laufzeit zurückzahlen zu lassen. Sie stehen also nicht unter dem Verkaufsdruck eines Aktionärs.

6.4   Die Risiken

Das größte Risiko ist natürlich, wie bei normalen Unternehmensanleihen oder Zertifikaten, die Insolvenz des Emittenten. Aber auch außerhalb des Unternehmens lauern Gefahren. Nach Ausbruch der Finanzkrise rutschten viele Wandelanleihen unter den sogenannten Bond-Floor, also unter das Kursniveau normaler Anleihen. Schuld waren die Hedgefonds, die weltweit etwa 75 % aller Wandelanleihen hielten und diese nach der Lehman-Pleite in riesigen Mengen auf den Markt warfen.

Heute halten Hedgefonds höchstens noch 30% der Wandler. Mehr engagiert sind jetzt „stärkere Hände" wie Versicherungen, reiche Familien und Stiftungen. Es ist daher unwahrscheinlich, dass sich ein Desaster wie 2008 wiederholen wird.

Einstieg über Fonds

Insgesamt verhalten sich Chancen und Risiken asymmetrisch. Bei langfristiger Betrachtung gilt die Faustregel: Wenn die entsprechenden Aktienkurse steigen, machen die Wandelanleihen den Aufschwung zu zwei Dritteln mit. Umgekehrt fallen die Wandler bei Kursverlusten nur ein Drittel so tief wie Aktien. Allerdings raten wir wegen der Komplexität von einer Investition in einzelne Wandelanleihen ab.

Bei vielen Emissionen wird nicht selten eine Mindestanlagesumme von 50.000 € gefordert. Außerdem müssen Anleger nicht nur auf den Aktienkurs des Unternehmens, dessen Bonität und Zinsniveau achten, sondern auch auf Besonderheiten bei Wandelanleihen. Es existieren mehrere Unterarten, die sich im Detail unterscheiden. Dazu gehören vorzeitige Kündigungsrechte des Schuldners oder Einschränkungen bei der Wandlung. Manche Wandelanleihen werden am Laufzeitende zwingend in Aktien umgetauscht.

Damit Sie sich um all diese Dinge nicht kümmern müssen, sind spezielle Fonds die bessere Wahl, die in verschiedene Märkte und Wandelanleihen investieren und damit Risiken und Chancen verteilen.

7 Gold und Silber

Werterhaltung statt Renditeoptimierung

Investieren Sie 5 bis 10% in Gold und hoffen Sie, dass Sie es nie brauchen. Es gibt unzählige Versicherungen, Privat-, Lebens-, Auto-, Renten- oder Kranken-versicherungen. Aber eine Versicherungs-Police für den Erhalt Ihres Vermö-gens gibt es nicht. Eine Anlage in physisches Edelmetall kann – insbesondere in Krisenzeiten – Ihr privates Vermögen sichern. Wobei Sie mit Gold eine bes-sere Absicherung kaufen als mit jeder Versicherung, denn – auch wenn der Scha-densfall nicht eintritt – Sie verlieren die Prämie nicht. Deshalb gilt für den Kauf von physischem Gold: Werterhaltung ist das Ziel, nicht Renditeoptimierung. Gold ist kein Investitionsobjekt, weil es keine Mehrwerte schafft. Es dient le-diglich der Absicherung.

Seit ein paar Jahren besinnen sich Anleger wieder auf eine alte Investment-klasse. Während Portfolios in den vergangenen 25 Jahren fast ausschließlich aus Aktien, Anleihen, Immobilien und Bargeld bestanden, greift man nun auf Altbewährtes zurück: Rohstoffe. Als eigene Anlageklasse, die eine geringe Kor-relation zu Aktien- und Rentenmärkten aufweist, bieten sich Rohstoffe zur Diversifizierung des Risikos an.

Edelmetalle – eine Versicherung par excellence
Edelmetalle sind Vermögenssicherung und Versicherung zugleich. Mit Edel-metallen können Sie sich vor Inflation, der schleichenden Enteignung, schüt-zen. Zudem gewährleisten Edelmetalle in Finanzkrisen oder sogar bei Geld-entwertung den Werterhalt des Vermögens. Das Guthaben an Edelmetallen stellt, im Gegensatz zu Papiergeld, nicht gleichzeitig die Schulden eines an-deren dar. Physischer Besitz in Form von Münzen oder Barren sollte deshalb in keinem sicherheitsorientierten Anlageportfolio fehlen.

Dabei liegt die Betonung auf „physischem" Besitz, also dem tatsächlich vorhandenen Metall, nicht in Form eines Metallkontos oder in sonstiger Papierform. Die prozentuale Höhe richtet sich nach Faktoren wie Depotgröße, strategischen Anlageüberlegungen und persönlichen Präferenzen.

Gold: Gradmesser für Inflation

Rohstoffe und Edelmetalle sind ein Gradmesser für Inflation, denn sie gleichen über kurz oder lang Ungleichgewichte aus. Ein wichtiger Grund für eine Anlage in Gold ist deshalb dessen konstant bleibende Kaufkraft. Das heißt nicht, dass der Goldpreis sich gleichmäßig in eine Richtung entwickelt. Vielmehr schwankt er, übertreibt einmal nach oben und ein anderes Mal nach unten. Der Wert des Rohstoffes bleibt trotzdem annähernd gleich. Was sich ändert, ist der Zahlenwert des Geldes.

Ein Herrenanzug für 1 Unze Gold: Heute und vor 150 Jahren beispielsweise zahlten Sie im Jahr 1850 für einen guten Herrenanzug eine Unze Gold. Heute – im Jahr 2014 – kostet ein guter Herrenanzug ebenfalls in etwa eine Unze Gold.

Ein Herrenanzug kostete in jedem Jahrhundert etwa eine Unze Gold. Nichts hat sich daran geändert. Was sich geändert hat, ist der Zahlenwert des Papiergeldes. Dieser ist massiv gestiegen, hat also an Wert verloren, während die eine Unze Gold eine Unze Gold geblieben ist. Der Preis des Goldes gegenüber einer Papierwährung schwankt zwar, doch die Kaufkraft erhält es seit über 5.000 Jahren. Das Edelmetall ist – wie ein Grundstück – die beste Versicherung gegen Inflation und Geldentwertung.

Gold ist einzigartig

Deshalb ist Gold auch gleich Geld. Unter allen Rohstoffen genießt vor allem Gold diese einzigartige Stellung. Dieses Metall wird seit Jahrtausenden als Zahlungsmittel und zur Vermögensanlage bzw. -absicherung genutzt. Nun rückt es nach jahrzehntelangem „Vergessen" wieder in den Fokus der Anleger.

Gold ist die klassische Sicherheit

Gold als Sachwert ist der klassische Inflationsschutz und das Gegenstück zu Geldwerten, wie festverzinsliche Papiere. Aktien, eine Mischform aus Sach- und Geldwert, besitzen ebenfalls einen gewissen Inflationsschutz. Aufgrund der explosionsartigen Geldmengen-Erhöhungen der letzten Jahre, des anhaltend hohen Haushaltsdefizits und der hohen Staatsverschuldung aller wichtigen Industrienationen könnten in Zukunft die Probleme einer Inflation wieder auf uns zukommen.

Geldmengenwachstum

Die Geldmenge gilt als ein Indikator für mittel- bis langfristigen Inflationsdruck. Hohes und schnelles Wachstum verstärkt die Inflationserwartungen. In USA, Europa und Asien sind die Geldmengen in den letzten Jahren gewachsen. Eine großzügige Liquiditätsversorgung führte in der Vergangenheit immer zu einer inflationären Entwicklung.

Ein Gradmesser für die Qualität der Weltleitwährung

Das gelbe Edelmetall ist bis heute ein zuverlässiger Gradmesser für die Qualität der Weltleitwährung US-Dollar. So besteht ein langfristiger Zusammenhang zwischen dem Goldpreis und der amerikanischen Inflationsrate. 5 bis 10% Goldanteil sind optimal. Der Wert des Goldes besteht unabhängig von einem Zahlungsversprechen Dritter. Keine Notenbank kann Gold drucken, um es wie Geld leichtsinnig zu vermehren. Gold ist ein stabiles Wertaufbewahrungsmittel, eine sichere und liquide Anlagealternative. Die Risiken eines Wertpapierportfolios lassen sich durch die Beimischung von Gold erheblich reduzieren, ohne dass Sie deswegen auf die Ertragschancen Ihrer Aktien verzichten müssen. Gold ist somit eine ideale Portfolioversicherung.

Kaufen Sie entsprechend der Größe Ihres Portfolios und Ihrer individuellen Risikopräferenzen wie Anlagehorizont, Alter etc. einen Anteil von 5 bis 10% in Gold.

7.1 Gold: Seit Jahrtausenden eine stabile Währung

Seit Jahrtausenden werden Gold- und Silbermünzen als Zahlungsmittel verwendet. Dabei besitzt Gold eine einzigartige Stellung. Kein anderes Metall hat die Menschen so fasziniert. Woher kommt diese Faszination? Weshalb steht Gold für Wertbeständigkeit und Sicherheit?

Es sind:

1. Seltenheit
Alles Gold dieser Welt – würde man es zu einem einzigen Würfel verschmelzen –, ergäbe eine Kantenlänge von nur rund 20 m.

2. Beständigkeit und Leitungsfähigkeit
Leichte Bearbeitungsmöglichkeiten in Verbindung mit hoher Widerstandskraft machen Gold zu einem unwiderstehlichen Edelmetall. Gold ist beständig und äußerst widerstandsfähig gegenüber Chemikalien wie Säuren oder Laugen. Die Leitungsfähigkeit sowie Dehnbarkeit von Gold sind ausgezeichnet. Durch die geringe Härte kann das Material leicht verformt und in jede gewünschte Form weiterverarbeitet werden.

3. Luxus
Gold ist unzerstörbar und verliert auch nach Jahrhunderten nicht seinen Glanz. Gold gilt seit der Antike als Inbegriff von Reichtum und Luxus. Gold hat nichts von seiner ursprünglichen Attraktivität eingebüßt. Dank solcher Eigenschaften hat sich Gold den Status der ältesten und stabilsten Währung der Welt erworben. Ein Status, der noch heute über alle nationalen Grenzen und Gesellschaftsschichten einhellig anerkannt ist.

Besonders in Krisenzeiten gilt Gold als möglicher Schutz für das Vermögen vor Inflation und der damit einhergehenden Papiergeldentwertung oder sogar im Falle eines Währungszusammenbruches als Werterhalt. Die Risiken eines Wertpapierportfolios lassen sich deshalb durch die Beimischung von Gold erheblich reduzieren, ohne dass Ertragschancen durch andere Anlageinstrumente aufgegeben werden müssten.

Anlegen in Gold – aber wie?

Sie können Gold in physischer Form als Barren oder Münzen kaufen. Goldmünzen sind etwas teurer als Barren, dafür sind sie in der Regel weltweit als Zahlungsmittel anerkannt und bilden damit eine äußerst liquide Anlageform. Kaufen Sie bekannte Münzen und Barren in gängigen, aber in unterschiedlichen Größen. Verwahren Sie dann Ihren Schatz in einem Tresor zu Hause oder in einem Bankschließfach oder an einem nur Ihnen bekannten Ort.

Gold-Münzen: Welche Münzen sich als Wertanlage eignen
Münzen können Sie in verschiedenen Größen kaufen: 1, 1/2, 1/4, 1/10 oder 1/20 Unze. In Gramm ausgedrückt entspricht 1 Unze (auch Feinunze genannt) 31,1035 g. Das angegebene Edelmetall-Gewicht bezieht sich stets auf die aufgeprägte Feinheit.

Bei Legierungen, wie beim American Eagle oder Krügerrand, ist das Gesamtgewicht um das Legierungsmetall höher. Münzen gibt es in den 4 Edelmetallarten: Gold, Silber, Platin und Palladium. Die Preise der Münzen schwanken und sind vom jeweiligen täglich mehrmals neu ermittelten Goldpreis, der Handelsspanne des Verkäufers und der jeweiligen landestypischen Mehrwertsteuer abhängig. In Deutschland sind Goldmünzen und -barren für Anlagezwecke von der Mehrwertsteuer befreit.

Kaufen können Sie Edelmetallmünzen und -barren bei spezialisierten Fachhändlern und bei fast allen Banken. Die Auswahl ist bei spezialisierten Fachhändlern größer. Auch werden Sie dort besser beraten.

Welche Münzen eignen sich als Anlage?
Als Grundstock empfehlen wir bekannte Münzen. Der hohe Bekanntheitsgrad und die Umsätze in diesen Münzen garantieren Ihnen einen liquiden Markt.

Sicherlich kennen Sie den südafrikanischen Krügerrand – weltweit eine der bekanntesten Goldmünzen. Dieser verliert jedoch zunehmend an Bedeutung durch seine niedrige Feinheit (917). Ziehen Sie deshalb Münzen mit einer Feinheit von 999,9 oder 999 vor.

Hierzu zählt die einzige in Europa geprägte Goldmünze, der österreichische Wiener Philharmoniker. Einen ebenso hohen Bekanntheitsgrad haben die kanadischen Maple Leafs und die australischen Nuggets bzw. Kängurus. Sie alle haben einen Feinheitsgrad von 99,99 % und sind weltweit als Zahlungsmittel anerkannt.

Münzserien mit begrenzter Auflage

Neben den Standardmünzen bringt die australische Münzprägeanstalt die sogenannte Lunar-Serie mit jährlich wechselnden Motiven heraus. Diese Münzen werden allerdings teilweise höher als die Standardmünzen gehandelt. Auch die chinesische Panda-Serie muss mit mehr Aufgeld (Aufgeld ist die Verkaufsspanne zwischen dem Metallpreis und dem Verkaufspreis; bei einer kleineren Einheit sind die Herstellungskosten höher, deshalb ist auch das Aufgeld in Relation höher) bezahlt werden.

US-Goldmünzen sind offizielles Zahlungsmittel

Seit Juni 2006 kann man neben dem American Eagle, der nur eine niedrige Feinheit von 91,67 % besitzt, auch eine amerikanische Goldmünze, den American Buffalo, mit der höchsten Feinheit von 99,99 % kaufen. In den USA sind die Münzen gesetzliches Zahlungsmittel mit einem Nennwert von 50 $.

Sammlermünzen erfordern Fachkenntnis

Daneben gibt es die Spezialität Sammlermünzen. Investitionen erfordern aber eine besondere Fachkenntnis und einen guten Münzhändler oder Numismatiker. Investieren Sie deshalb – wenn Sie zum ersten Mal Goldmünzen kaufen – nur in bekannte Münzen. Damit besitzen Sie eine liquide und auf Jahre beständige Anlage.

Verschiedene in Europa erhältliche Goldmünzen

➤ Krügerrand, Südafrika (seit 1967) (Motiv: Paul Kruger und Springbock)

➤ American Gold Eagle, USA (seit 1986) (Motiv: Lady Liberty)

➤ Maple Leaf, Kanada (seit 1979) (Motiv: Ahornblatt)

➤ Goldnugget bzw. Känguru Nugget, Australien (seit 1987) (Motiv: Goldnugget, seit 1989 Känguru)

➤ Wiener Philharmoniker, Österreich (seit 1989)

➤ American Buffalo,USA (seit 2006) (Motiv: Büffel und Indianerkopf)

➤ Lunar Kalender, Australien (1996 bis 2007) (Motive des chinesischen Tierkreiskalenders)

➤ Panda, China (seit 1982) (jährlich wechselnde Pandamotive)

➤ Britannia, Großbritannien (seit 1987) (jährlich wechselndes Motiv der Britannia)

➤ Sovereign, Großbritannien

➤ Tscherwonetz, Russland

➤ 20 Goldmark Wilhelm II., Deutschland (sowie auch Wilhelm I., Friedrich II.). Zahlungsmittel der Kaiserzeit (geprägt 1888 bis 1913), wird heute als Anlagemünze an Bankschaltern gehandelt

➤ Goldvreneli, Schweiz, Münzen im Nennwert von SFr 10,– (geprägt 1911 bis 1922), SFr 20,– (geprägt 1897 bis 1949) sowie SFr 100,– (geprägt 1925). Insbesondere das 20-Franken-Vreneli ist auch heute noch eine beliebte Anlagemünze.

➤ 20 Franc Frankreich, Münzen aus unterschiedlichen Jahren mit wechselnden Motiven

➤ 10 Gulden Niederlande, Münzen aus unterschiedlichen Jahren mit König Wilhelm III. und Königin Wilhelmina als Motiv

➤ 20 Franc Belgien, Münzen aus unterschiedlichen Jahren mit den belgischen Königen als Motiv

Gold-Barren: Geprägte oder gegossene von 50 g bis 1 kg
Neben der Münzanlage sind auch Barren als Kapitalanlage geeignet. Barren werden gewöhnlich in Größen von 1 bis 1000 g gehandelt. Sie können sie entweder geprägt – wie Münzen – oder gegossen kaufen.

Hersteller wie Umicore (Nachfolger von Degussa) oder Heraeus vertreiben Barren unter eigenen Namen. Sie fertigen aber auch im Auftrag für Banken oder andere Auftraggeber an. Weiterhin gibt es die sogenannten kinebar®-Barren, die ähnlich wie bei einem Geldschein ein Sicherheitsmerkmal aufweisen. Grundsätzlich gilt: Je größer ein Barren, desto geringer in Relation das Aufgeld.

Goldbarren unterliegen, sofern diese eine Feinheit von mindestens 995 aufweisen, keiner Mehrwertsteuer. Analog zu den Münzen gilt auch hier: einheimische bekannte Durchschnittsware ist extravagantem Unbekannten vorzuziehen. Kauf und Verkauf sind über fast jede Bank oder spezialisierte Fachhändler möglich.

Geprägte oder gegossene Barren bekannter Hersteller

➤ Heraeus
➤ Umicore
➤ Degussa
➤ Ögussa
➤ Agor-Heraeus
➤ Metalor

> Pamp

Größen: 50 g, 100 g, 250 g, 500 g und 1 kg
Feinheit: 999,9/1000

7.2 Silber: Das Gold des kleinen Mannes?

Wie Gold ist auch Silber ein Zahlungsmittel. Daneben wird es in der Schmuck-
verarbeitung und in der High- Tech-Industrie verwendet. Silber ist weicher als
Kupfer, aber härter als Gold. Silber war sogar über Jahrtausende das meistge-
nutzte Münzmetall überhaupt. Im Unterschied zu Gold ist Silber weniger wert-
voll und brachte ihm deshalb den Beinamen „Gold des kleinen Mannes" ein.

Silbermünzen als Anlage
Im Gegensatz zu Goldmünzen werden Silbermünzen in allen EU-Ländern und
der Schweiz mit einer Mehrwertsteuer belegt. In Deutschland werden Münzen
aus Silber teilweise nur mit 7% besteuert – Silberbarren und sonstige Sammlermünzen jeweils mit 16%.

Besonders schön sind die Kookaburra-Münzen. Allerdings ist diese Münze nur
mit einem sehr hohen Aufpreis zu haben. Deshalb empfehlen wir zur Anlage
vor allem den American Eagle und Maple Leaf. Beide gehören zu den weltweit
bekanntesten und weit verbreiteten Silbermünzen. Bedingt durch das Verhältnis von niedrigem Materialwert und fixen Prägekosten sind auch diese Silbermünzen trotz des günstigeren Mehrwertsteuersatzes immer noch wesentlich
teurer als vergleichbare Barren.

Silber in Form von Barren
Neben der Münzanlage sind vor allem Barren als Kapitalanlage geeignet. Barren werden in Größen von 250 bis 5.000 g gehandelt. Sie können sie entweder
geprägt – wie Münzen – oder gegossen kaufen.

Je größer ein Barren, desto geringer der Preisaufschlag

Bevorzugen Sie Barren aus bekannten Prägeanstalten und in landesüblicher Form. Kauf und Verkauf sind über fast jede Bank oder spezialisierte Fachhändler möglich. Kaufen Sie zum aktuellen Tagespreis. Je größer ein Barren ist, desto geringer ist der Preisaufschlag. Berücksichtigen Sie dies beim Kauf kleinerer Gewichtseinheiten. Kaufen Sie mit einem langfristigen Anlagehorizont.

Geprägte oder gegossene Barren bekannter Hersteller

Hersteller:

➤ Heraeus
➤ Umicore
➤ Degussa
➤ Ögussa
➤ Agor-Heraeus
➤ Metalor
➤ Pamp

Größe: 250 g, 500 g, 1.000 g und 5.000 g
Feinheit: 999

American Eagle

Gleichzeitig mit der Goldmünze wurde im Jahr 1986 die Silberversion des American Eagle herausgegeben. Die nur als 1-Unzen-Stück erhältliche Münze besteht zu 99,93% aus Silber und zu 0,07% aus Kupfer. Beachtlich sind die Auflagenzahlen. Mit 5,4 Mio im ersten und stolzen 11,4 Mio Stück im zweiten Jahr sowie weiteren Millionenauflagen in den Folgejahren ist der American Eagle wohl die auflagenstärkste Silber-Anlagemünze. Abgepackt können Sie die Münzen in Stempelglanz-Qualität zu je 20 Stück in praktischen Plastikboxen bekommen. Kaufen Sie zum aktuellen Tagespreis. Beachten Sie jedoch, dass aufgrund des im Verhältnis zum Gewicht niedrigen Silberpreises der Aufpreis sehr hoch ist.

Maple Leaf

Die Münze wurde erstmals 1988 geprägt. Sie besteht aus purem Silber (99,99%). Das Motiv bleibt jährlich gleich. Auf der Rückseite ist das Bildnis der englischen Königin Elizabeth II. abgebildet und wird alle paar Jahre dem tatsächlichen Aussehen der Königin angepasst. Anpassungen wurden 1988–89, 1990–2003 und 2004–aktuell vorgenommen und zeigen die Queen im Alter von 39, 64 bzw. 79 Jahren. Wegen der Zweisprachigkeit Kanadas werden die numismatischen Daten auf jeder Münze in Englisch und in Französisch geprägt. Die Auflagenhöhe wird der Nachfrage angepasst. Kaufen Sie die Unze zum aktuellen Tagespreis. Beachten Sie jedoch, dass aufgrund des im Verhältnis zum Gewicht niedrigen Silberpreises der Aufpreis sehr hoch ist.

8 Fortgeschrittene Strategien

Investieren in verschiedene Vermögens- klassen und Absicherungs-Strategien

In diesem Kapitel wollen wir Ihnen fortgeschrittene Strategien für die Verwaltung Ihres Vermögens vorstellen.

Wir werden Ihnen zunächst das Konzept der Asset Allocation vorstellen. Darunter verstehen wir die Aufteilung (Allokation, engl. Allocation) Ihres Vermögens auf die verschiedenen Vermögensklassen (Assets) mit dem Ziel, Ihre Portfolio-Performance zu erhöhen. Das Portfolio umfasst in diesem Zusammenhang Vermögenswerte wie Aktien, Anleihen, Immobilien, Cash (Geldmarktpapiere) und Fonds. Jeder Investor sollte eine fundamentale Anlageregel beachten: Setzen Sie nie alles auf eine Anlage, sondern verteilen Sie Ihr Vermögen auf mehrere verschiedene Anlageformen. Damit können Sie Ihr Anlagerisiko erheblich senken. Um Ihnen das Konzept zu verdeutlichen, werden wir auch praktische Beispiele anführen. Dazu gehört auch, dass wir einen Blick auf die Asset Allocation von Peter Lynch und Warren Buffett werfen.

Ein zweiter Schwerpunkt des Kapitels sind Strategien zur Absicherung Ihres Aktien-Vermögens vor kurzfristigen Verlusten. Dazu werden wir Sie in die Welt der Optionen einführen. Optionen sind sinnvolle Instrumente, wenn es um die Absicherung von Wertpapierportfolios geht. Optionen sind aber auch riskante Instrumente, wenn Sie damit Spekulationsgeschäfte tätigen wollen. Wir werden deshalb die Vor- und Nachteile dieser Anlageklasse aufzeigen. Im Übrigen handelt auch Warren Buffett gelegentlich mit Optionen.

Fortgeschrittene Investoren benötigen aber auch aus einem anderen Grund grundlegende Kenntnisse in Optionen: Mitarbeiter-Optionen (stock options) spielen eine immer größere Rolle bei der Bewertung von Unternehmen und deren Aktien. In diesem Zusammenhang gilt folgende Regel: Durch die Gewährung von Mitarbeiter-Optionen sinkt der Wert Ihrer Aktien. Wir gehen darauf zum Schluss des Kapitels kurz ein.

8.1 Asset Allocation

Unter Asset Allocation verstehen wir die Aufteilung des Vermögens auf verschiedene Vermögensklassen. Die fundamentale Anlageregel besagt: *„Legen Sie nie alle Eier in einen Korb"*, sondern verteilen Sie Ihr Vermögen auf mehrere verschiedene Anlageformen.

Wir unterscheiden dabei die strategische und taktische Asset Allocation. Mittels der strategischen Asset Allocation legen Sie auf Basis Ihrer Risikobereitschaft und Ihres Anlagehorizontes die langfristige Aufteilung Ihres Vermögens auf die Assets (Aktien, Anleihen, Immobilien, Cash u. a.) fest. Bei der taktischen Asset Allocation bestimmen Sie kurzfristig, in welche spezifischen Branchen und Titel Sie investieren wollen. Das nachstehende Diagramm verdeutlicht die Konzeption der Asset Allocation:

(1) Strategische Asset Allocation
(a) Assetklassen
(Aktien, Anleihen, Immobilien, Gold, Kunstwerke u. a.)
und
(b) Länder/Regionen
(Europa, USA, Asien u. a.)

(2) Taktische Asset Allocation
(a) Branchen
(Pharma-, Einzelhandels-, Technologiebranche u. a.)
und
(b) Titel
(Aktien/Anleihen von Bayer, IBM, Siemens u. a.)

Der Grund für die Vorteilhaftigkeit der Asset Allocation (Vermögensaufteilung) liegt auf der Hand: Durch die Streuung, auch Diversifikation genannt, können Sie ohne große Rendite-Einbußen die Risiken von Investments zum Teil erheblich reduzieren. Denn die Renditen aus Aktien, Anleihen oder Immobilien verlaufen nicht parallel zueinander. Damit können Sie den Wertverlust einer bestimmten Anlageform durch die Wertsteigerung einer anderen Anlageform ausgleichen. Unter Risiko verstehen wir dabei die (Kurs-)Volatilität der Anlage, die mittels der Standardabweichung zu messen ist. Die folgende Tabelle zeigt Ihnen die durchschnittlichen Renditen und Volatilitäten in den USA für Aktien und Anleihen im Zeitraum 1960 bis 1984:

1960–1984	Rendite	Risiko (Volatilität)
Aktien	8,8% p. a.	16,9% p. a.
Anleihen	5,7% p. a.	7,2% p. a.

Wir stellen fest, dass wir mit Aktien im Zeitraum 1960 bis 1984 eine höhere Rendite erzielen konnten. Gleichzeitig war aber auch das Risiko (Volatilität) viel höher. Deshalb bietet es sich an, das Gesamtkapital in Aktien und Anleihen aufzuteilen und in beide Anlageformen zu investieren, um das Risiko zu senken. Dieser Tatbestand wird in der Wirtschaftswissenschaft als Portfolio-Selektion bezeichnet. Sie ist mit dem Namen des Nobelpreisträgers Harry Markowitz verbunden.

Die Idee von Markowitz war es, verschiedene Anlageformen miteinander zu mischen, um ohne große Abstriche bei der Portfolio-Performance das Risiko (Volatilität) des Portfolios zu senken. Dabei machte er eine wichtige Entdeckung: Das Portfolio-Risiko ist nicht von den einzelnen Risiken der Wertpapiere abhängig, sondern vielmehr vom Ausmaß der Korrelation der Renditen der einzelnen Wertpapiere im Portfolio.

Wenn Sie also verschiedene Anlageformen im Portfolio halten, dann sollten Sie auf deren Korrelation achten. Das gilt auch für einzelne Titel innerhalb einer bestimmten Anlageform. Mit anderen Worten: Wenn Sie Aktien von 2 Unternehmen kaufen und diese Aktien eine hohe positive Korrelation aufweisen, dann werden sich die Aktien immer gleich gerichtet verhalten. Bricht beispielsweise das Wertpapier A um 10% ein, dann bricht bei einer Korrelation von +1 auch das Wertpapier B um 10% ein. Es hat keine Diversifikation stattgefunden. Ihr Risiko ist gleich geblieben.

William Sharpe erweiterte das Modell von Markowitz und erhielt dafür ebenfalls den Nobelpreis. Sharpe ersetzte die Korrelation durch den Beta-Faktor. Der Beta-Faktor zeigt Ihnen, wie stark ein Wertpapier (zum Beispiel eine Aktie) relativ zum Markt schwankt. Ein Beta-Faktor über 1 bedeutet, dass sich der Wert stärker als der Marktindex eines Landes bewegt. Mit anderen Worten: Wenn Sie Aktien von 2 Unternehmen mit einem Beta-Faktor von 1 kaufen, dann werden sich die Aktien immer gleich gerichtet mit der Börse verhalten. Bricht beispielsweise der Markt um 10% ein, dann brechen auch Ihre Aktien um 10% ein. Auch in diesem Fall hat keine Diversifikation stattgefunden. Ihr Risiko ist gleich geblieben.

Zusätzlich lässt sich das Risiko weiter reduzieren, indem Sie Ihr Vermögen innerhalb einer Anlageform auf verschiedene Wertpapiermärkte (zum Beispiel Deutschland, Frankreich, Großbritannien oder USA) verteilen. Eine Anlage in verschiedenen geografischen Räumen senkt Ihr Risiko, wenn sich die Märkte nicht gleich gerichtet entwickeln. So können Sie durch eine Anlage in US-Aktien von einem Wirtschaftsaufschwung in den USA profitieren. Achten Sie aber auf die Korrelation der Märkte in den USA und in Deutschland. In den letzten Jahren ist die Korrelation zwischen den Börsen größer geworden. Bei einem Gleichlauf der Börsen sinkt Ihr Diversifikationseffekt.

Zudem müssen Sie auf Währungsschwankungen achten, wenn Sie die ausländischen Aktien an der Heimatbörse erwerben. Das kann insbesondere aus Liquiditätsgründen geboten sein. Auslandsanlagen sind prinzipiell mit einem Währungsrisiko verbunden. Ihre effektive Rendite sinkt, wenn die ausländische Währung an Wert verliert.

Die nachstehende Tabelle zeigt das Rendite-Risiko-Profil eines deutschen Anlegers im Zeitraum 1980 bis 1992 für eine Anlage in den US-Leitindex S&P-500.

1980–1992	Rendite	Risiko
S&P in $	10,2% p. a.	11,6% p. a.
S&P in DM	8,8% p. a.	17,2% p. a.

Die Tabelle macht deutlich, dass aufgrund der Währungsverluste des Dollars gegenüber der D-Mark auch Ihre Rendite sinkt, falls Sie die Aktien an der Heimatbörse kaufen und gleichzeitig die Lokalwährung an Wert verliert.

Durch die Einführung des Euro sind solche Währungsrisiken innerhalb der Euro-Zone eliminiert worden. Wenn ein Anleger aus Deutschland Aktien in Österreich oder in Frankreich kauft, geht er kein Währungsrisiko mehr ein. Das hat den Vorteil, dass Sie nunmehr die schwer zu prognostizierende Wechselkursentwicklung nicht mehr in Ihr Entscheidungskalkül mit einbeziehen müssen. Das ist ein wichtiger Schritt zu einem einheitlichen Kapitalmarkt in Europa.

Wissenschaftliche Studien belegen die überragende Bedeutung der strategischen Asset Allocation. Nach der berühmten Studie von Brinson-Hood&Beebower aus dem Jahr 1991 sind bis zu 90% der Rendite direkt auf die Gewichtung der Assets zurückzuführen. Im Durchschnitt hängen etwa 2 Drittel der Portfolio-Performance direkt von der prozentualen Verteilung der Anlageklassen ab. Ein gut ausbalanciertes Portfolio wird die Assets Aktien, Anleihen, Immobilien, Cash und Fonds enthalten. Die Gewichtung der Asset-Klassen hängt aber direkt von Ihren Anlagezielen, Ihren Risikopräferenzen und Ihrem Anlagehorizont ab.

Aktien (Equity)

Aktien verbriefen einen Anteil am Unternehmen und gewähren dem Aktionär Rechte (wie Stimmrechte auf der Hauptversammlung, Bezugsrechte bei Kapitalmaßnahmen u. a.). Aktien erbringen über einen längeren Zeitraum die höchste Rendite unter allen Asset-Klassen. Allerdings sind die Schwankungsbreite (Volatilität) und damit das Risiko am Aktienmarkt deutlich größer als bei Anleihen. Sie reduzieren das Risiko von Aktien dadurch, dass Sie Aktien mit einem niedrigen Beta-Faktor kaufen.

Über den Beta-Faktor lässt sich die Entwicklung Ihrer Anlage zum Gesamtmarkt steuern. Konservative Aktien mit geringen Kursausschlägen haben meistens ein niedriges Beta. Wachstumsaktien weisen dagegen ein hohes Beta und dementsprechend auch hohe Kursausschläge auf.

Anleihen (Bonds)

Anleihen besitzen einen festen oder auch variablen Nominalzins. Achten Sie auf die Bonität des Emittenten, wenn Sie Anleihen kaufen. Anleihen mit schlechter Bonität haben meistens einen hohen Nominalzins. Jeder Emittent einer Anleihe (zum Beispiel der Staat oder einzelne Unternehmen) wird durch eine Rating-Agentur (Standard & Poor's oder Moody's) auf seine Bonität hin bewertet. Anleihen haben eine mittel- bis langfristige Laufzeit. Bei Ende der Laufzeit wird der nominale Wert der Anleihe zurückgezahlt. Zinszahlungen erfolgen im Allgemeinen einmal pro Jahr.

Bei spekulativen und hochverzinslichen Anleihen laufen Sie Gefahr, dass der Emittent seine Zahlungen (Tilgung inkl. Zinsen) einstellt. Anleihen besitzen darüber hinaus auch ein Kursrisiko: Wenn die allgemeinen Zinsen steigen, sinken die Kurse der Anleihen. Wenn Sie dann kurzfristig Liquidität benötigen und verkaufen, erleiden Sie einen Verlust.

Immobilien

Immobilien (Grundstücke und Gebäude) sind ein wichtiger Teil des Vermögens. Sie bieten attraktive „Erträge" (durch den Wegfall der Mietzahlungen) und senken die Volatilität. Immobilien sind aber genauso wie Aktien und Anleihen einem Kursrisiko ausgesetzt, nämlich dann, wenn Überkapazitäten aufgebaut werden und es dadurch zum Preisverfall der Immobilien kommt.

Diese Marktsituation tritt meistens als Folge eines Börsenabschwungs ein, wenn Kapital von den Börsen abgezogen und in Immobilien investiert wird. Dann sind Leerstände ein erstes Warnzeichen für das bevorstehende Platzen der Immobilienblase.

Anfang der 1990er-Jahre platzte die japanische Immobilienblase. Von den Folgen dieses Crashs hat sich die größte Volkswirtschaft Asiens noch immer nicht erholt. In Deutschland könnte sich durch den Bevölkerungsrückgang langfristig ebenfalls ein Überangebot an Immobilien einstellen. Sie machen aber mit Immobilien nur dann einen Verlust, wenn Sie Ihre Immobilien verkaufen müssen.

Cash

Cash (Geldmarktpapiere, kurzfristige Termingelder u. a.) erhöht Ihre Liquidität und senkt Ihr Risiko. Allerdings liegen die langfristigen Erträge meistens deutlich niedriger als bei Aktien und manchmal sogar niedriger als die Inflationsrate. Über den Cash-Anteil können Sie Ihr Portfolio-Risiko so steuern, dass Sie in Erwartung sinkender Kurse (der Aktien, Anleihen oder Immobilien) Ihren Cash-Anteil erhöhen. Erwarten Sie dagegen wieder steigende Kurse, bauen Sie Ihre Cash-Position ab und investieren.

Fonds

Fonds ersetzen die Direktanlage in Aktien, Anleihen und Immobilien. Allerdings schaffen es viele Fondsmanager nicht, ihre Benchmark (zum Beispiel einen entsprechenden Vergleichsindex wie den DAX oder Dow Jones) zu schlagen. Das liegt an der kurzfristigen Sichtweise der meisten Fondsmanager.

Legen Sie Ihr Kapital deshalb nur in ausgewählte Aktienfonds an. Eine Alternative besteht auch darin, Ihr Vermögen selbst zu verwalten oder einen Indexfonds zu kaufen. Ein Indexfonds bildet genau den Index ab und entwickelt sich dementsprechend. Mit dieser passiven Anlage-Strategie haben Sie die Gewissheit, sich wie der zugrunde liegende Marktindex zu entwickeln.

Sie müssen sich als Investor entscheiden, wie Sie Aktien im Verhältnis zu Anleihen, Geldmarktpapieren oder anderen Anlageklassen in Ihrem Portfolio gewichten. Dabei können Sie sich an die allgemeine neutrale Gewichtung von Aktien, Anleihen und Geldmarktpapieren (Cash) halten. Danach gilt unter institutionellen Investoren eine Aktienquote von 60%, ein Bondsanteil von 35% und ein Cash-Anteil von 5% als neutrale Aufteilung.

Asset-Klasse	Gewichtung
Aktien	60,0%
Anleihen (Bonds)	35,0%
Bargeldquote	5,0%

Börsenpessimisten können beispielsweise die Anleihequote auf 50% erhöhen und den Cash-Anteil auf 10% aufstocken, womit für Aktien nur noch 30% blieben. Institutionelle Asset-Manager veröffentlichen Musterportfolios, an denen sich ihre Kunden orientieren. Die folgende Tabelle stellt zwei Musterportfolios beispielhaft gegenüber:

Konservatives Portfolio	Spekulatives Portfolio
Aktien (30%)	Aktien (55%)
Anleihen (40%)	Anleihen (20%)
Cash (15%)	Cash (10%)
Gold (5%)	Gold (5%)
Immobilien/Fonds (10%)	Derivate (10%)

2 Musterportfolios als Empfehlung von institutionellen Vermögensverwaltern.
Zeithorizont beim konservativen Anleger: 3 Jahre
Zeithorizont beim spekulativen Anleger: 1 bis 1,5 Jahre

Nach der Aufteilung des Vermögens in die verschiedenen Asset-Klassen muss gemäß der taktischen Asset Allocation die Gewichtung der Branchen und der einzelnen Titel bestimmt werden. Auch hier gilt: Diversifikation vermindert das Risiko. Haben Sie nur einen Blue Chip im Portfolio, schwankt das gesamte Depot statistisch gesehen um etwa 50%. Mit 5 unterschiedlichen Titeln lassen sich die Schwankungen und das Risiko auf 30% reduzieren. Bei 30 Aktien ist dann das Risiko von Kursausschlägen des Gesamtportfolios auf rund 20% begrenzt.

Viele Finanzdienstleister stellen die Portfolios ihrer Kunden nach den Kriterien von Markowitz zusammen und optimieren die einzelnen Positionen. Allerdings sind viele professionelle Fondsmanager damit wenig erfolgreich. Deshalb schauen wir uns im Folgenden die Asset-Strategien von Peter Lynch und Warren Buffett an, zwei der größten Investoren überhaupt.

Peter Lynch

Peter Lynch (geb. 1944) war der erfolgreichste Fondsmanager der 1980er-Jahre in den USA und wahrscheinlich der erfolgreichste aller Zeiten. 13 Jahre lang führte er den berühmten Fidelity Magellan Funds und erreichte eine fantastische Rendite von 29% p. a. Seine durchschnittliche Jahresrendite übertraf in diesem Zeitraum den S&P-500-Index um fast das Doppelte. Selbst im Crashjahr von 1987 schaffte Lynch noch ein Plus von 1%. In den 13 Jahren seines Managements wurden aus 10.000 $, die in seinem Fonds angelegt waren, rund 274.000 $.

Peter Lynch empfiehlt den Anlegern den Kauf einer Immobilie und den Kauf von Aktien. Anleihen gehören nicht zu seinen Favoriten. In seinem berühmten Buch für Privatinvestoren „Der Börse einen Schritt voraus" schreibt er:

„Historisch gesehen sind Aktien ohne jeden Zweifel profitabler als Anleihen. Mit Anleihen werden Sie Ihr Geld niemals ver10fachen, es sei denn, dass Sie waghalsige Spekulationen mit Anleihen eingehen, deren Rückzahlung fraglich ist."

Peter Lynch setzte damit auf der Ebene der strategischen Asset Allocation überwiegend auf Aktien. Er riet aber den Anlegern, so viel Cash zu halten, wie sie kurzfristig Liquidität benötigen. Er schreibt: *„Investieren Sie nur, was Sie verlieren können, ohne dass Ihr tägliches Leben in absehbarer Zukunft davon beeinträchtigt wird."* Auf der Ebene der taktischen Asset Allocation riet er den Anlegern zu einer geringen Diversifikation und zu einer Konzentration auf einige wenige Werte: *„Es spricht nichts dafür, der Diversifikation zuliebe in unbekannte Werte zu investieren. Bei kleinen Depots würde ich mich mit 3 bis 10 Aktien wohl fühlen".* Das Aktien-Portfolio seines Magellan-Funds umfasste bis zu 1.400 Aktien, weil gesetzliche Regulierungen eine Konzentration auf wenige Werte nicht zuließen.

Er schreibt darüber: *„Halten Sie keine 1.400 Aktien, solange Sie es irgendwie vermeiden können. Sie brauchen sich um die 5%-Regel keine Sorgen zu machen und schon gar nicht um die Verwaltung von 9 Mrd $."*

Peter Lynch teilte seine Aktien in verschiedene Kategorien ein. Er steckt 30 bis 40% seiner Mittel in Wachstumsaktien. Den Rest verteilt er auf andere Aktien: 10 bis 20% in Substanzwerte, 10 bis 20% in Zykliker und den Rest in Turnaround-Werte. Er hielt 2 Drittel seines Fondsvermögens in 200 Werten.

Peter Lynch verfolgt bei der Auswahl der einzelnen Titel eine „Bottom-Up-Strategie". Diese orientiert sich an den Kriterien der fundamentalen Aktienanalyse.

Wir haben für Sie einige seiner wichtigsten Bewertungskriterien zusammengetragen.

➤ **Investieren Sie in Branchen, die Sie kennen.**
  Sie müssen die spezifischen Gründe verstehen, warum Sie eine Aktie auswählen: Konzentrieren Sie Ihre Analyse auf die fundamentalen Faktoren wie Gewinnaussichten, Chancen und fundamentale Risiken.

➤ **Wie verhält sich das KGV im Vergleich zu den Wachstumsraten von Gewinn und Dividende?**
  Suchen Sie nach Aktien, deren KGV im Verhältnis zum Gewinnzuwachs in den nächsten 3 bis 5 Jahren und zur Dividendenrendite niedrig ist. So zeugt ein KGV, das unter der erwarteten Gewinnzuwachsrate liegt, von einer Unterbewertung der Aktie (Beispiel: KGV 8, Gewinnzuwachsrate: 10% p. a. ==> PEG = 0,80).

➤ **Wie verhält sich das KGV im historischen Vergleich?**
  Vergleichen Sie das aktuelle KGV mit den Höchst- und Tiefstwerten, die in den letzten 10 Jahren erreicht wurden. Je niedriger, desto besser.

> **Wie verhält sich das KGV im Vergleich mit den wichtigsten Wettbewerbern in der Branche und zum Gesamtmarkt?**
Je niedriger das KGV im Vergleich zu den anderen, desto besser.

> **Wie stabil verlief die Gewinnentwicklung?**
Vergleichen Sie die Entwicklung der Gewinne in Prozent von Jahr zu Jahr über einen langen Zeitraum. Je stabiler, desto besser. Das Unternehmen kann seine Gewinnentwicklung auf 5 verschiedene Arten erhöhen: Kosten reduzieren, Preise erhöhen, neue Märkte erschließen, mehr Absatz in bestehenden Märkten tätigen und Verlustquellen eliminieren.

> **Wie stark ist die Bilanz?**
Suchen Sie nach Firmen, die eine möglichst niedrige Fremdverschuldung bzw. einen hohen Eigenkapitalanteil besitzen. Vergleichen Sie diesen Wert mit branchenähnlichen Unternehmen, damit Sie eine Aussage über die Stärke der Bilanz treffen können.

> **Wie hoch sind die flüssigen Mittel?**
Je höher, desto besser. Steigen die Vorräte stärker an als der Umsatz? Dann muss das Unternehmen Absatzprobleme haben.

> **Meiden Sie Branchen, die „in" sind, zum Beispiel heiße Börseneinführungen.**
Am Neuen Markt gab es viele Modewerte, die dann abgestürzt sind. Seien Sie nicht zu gierig. Es gibt keine überdurchschnittlichen Chancen ohne überdurchschnittliches Risiko.

> **Große Firmen wachsen weniger stark als kleine Firmen.**
Kleine und mittelgroße Firmen haben ein höheres Wachstumspotenzial, da ihr Marktpotenzial oft noch nicht ausgeschöpft ist.

> **Meiden Sie Aktien, die von sehr vielen institutionellen Anlegern gehalten werden.**
Diese wollen auch einmal verkaufen.

➢ **Kauft die Firma ihre eigenen Aktien zurück?**
Wenn ein Aktienrückkaufprogramm beschlossen wurde, unterstützt dies den Aktienkurs.

Asset Allocation nach Peter Lynch

■ strategisch:
Investieren Sie vorzugsweise in Aktien. Halten Sie Cash bereit, falls Sie kurzfristig mit hohen Ausgaben rechnen. Eigenhäuser sind die beste Absicherung gegen die Schwankungen der Börse.

■ taktisch:
Wählen Sie für Ihr Depot 3 bis 10 Aktien nach den Kriterien der Fundamentalanalyse. Überprüfen Sie Ihre Aktien alle 6 bis 12 Monate mithilfe der Kriterien, die wir für Sie zusammengetragen haben.

Warren Buffett

Warren Buffett (geb. 1930) ist neben Peter Lynch der erfolgreichste Investor unserer Zeit. Seine Strategie beruht weitgehend auf den Lehren und Erkenntnissen seines Lehrmeisters Benjamin Graham.

Als Buffett die Investmentgesellschaft Buffett Partnership Ltd., die er 1956 gegründet hatte, 1969 auflöste, war sie 105 Mio $ wert. Davon gehörten ihm rund 25 Mio $, die er hauptsächlich in Aktien des Textilunternehmens Berkshire Hathaway investiert hatte.

Buffett besaß 25 % der Aktien und wurde 1970 zum CEO gewählt. Sofort begann er damit, das Textilunternehmen in eine Holding mit dem Kerngeschäft Versicherungen (Erst- und Rückversicherungen) umzubauen. Die Einnahmen aus dem Versicherungsgeschäft (wie Geico, General Re, Insurance Group) und aus den zahlreichen anderen Unternehmens-Beteiligungen (wie Nebraska Furniture Mart, Borsheim's, Ben Bridge Jeweler, Shaw Industries, Flight Safety,

International Dairy Queen und See's Candies) legt Buffett am Kapitalmarkt an. Er investiert in Aktien, Anleihen und Cash.

Buffetts Aktien-Investments 2015 teilen sich folgendermaßen auf:

Aktieninvestments	Wert
American Express	10.545 Mrd $
AT&T	1.603 Mrd $
Coca-Cola	17.184 Mrd $
Charter Communications	1.367 Mrd $
DaVita	1.291 Mrd $
Deere & Co.	1.690 Mrd $
Goldman Sachs	2.053 Mrd $
IBM	11.152 Mrd $
Moody's	2.475 Mrd $
Philipps 66	4.530 Mrd $
Procter & Gamble	4.683 Mrd $
Sanofi	1.896 Mrd $
U.S. Bancorp	4.346 Mrd $
Wal-Mart Stores	3.893 Mrd $
Wells Fargo	27.180 Mrd $

Seine Hauptbeteiligungen machen fast 2/3 seines Aktien-Portfolios aus. Hier liegt eines der Geheimnisse des Erfolges von Warren Buffett. Er konzentriert seine Investments auf einige wenige, hervorragende Unternehmen. Er hält seine Aktien langfristig und trennt sich von ihnen nur, wenn sich die fundamentalen Kennzahlen verschlechtern oder wenn die Aktien überbewertet sind.

Sein Engagement in Anleihen ist dagegen meistens kurz- bis mittelfristiger Natur. Fast alle seiner Anleihen (US-Staatspapiere, Auslandsanleihen, Unternehmens-Anleihen und mit Hypotheken besicherte Anleihen) stehen in der

Bilanz unter der Rubrik „available for sale", d. h. sie sind jederzeit veräußerbar. Nur der geringste Teil seiner Anleihen wird bis zur Endfälligkeit gehalten („held to maturity"). Das macht deutlich, dass Warren Buffett Anleihen nicht als langfristige Investments, sondern als eine Art Liquiditätspolster betrachtet.

Auf der Ebene der taktischen Asset Allocation investiert er in sichere und langfristig stabile Branchen. Er investiert in marktführende Unternehmen mit einem dauerhaften Wettbewerbsvorteil. Er ist – wie auch sein großer Lehrmeister und Freund Benjamin Graham – ein lupenreiner Value-Investor. Er investiert nur, wenn die Unternehmen an der Börse mit einem Abschlag zu ihrem inneren Wert notieren. Begriffe wie Beta-Faktor, Korrelation und Diversifikation sind ihm weitgehend fremd. Volatilität bedeutet für ihn nicht Risiko, sondern eine Chance, um an die Aktien heranzukommen, die er kaufen will.

Wir haben für Sie einige seiner wichtigsten Bewertungskriterien zusammengetragen.

➢ Besitzt das Unternehmen eine monopolähnliche Marktstellung? Hat es loyale Kunden?

➢ Wird das Unternehmen von einem exzellenten Management geführt? Ist es an dem Unternehmen beteiligt? Je höher die Aktienbeteiligung des Managements, desto besser.

➢ Handelt das Management im Interesse der Aktionäre? Versucht es, die Kosten gering zu halten und die „Owner Earnings" zu maximieren? Wenn das Management die Interessen der Aktionäre nicht wahrt, trennen Sie sich von Ihren Aktien.

➢ Weist das Unternehmen interessante Kennzahlen auf? Wie ist die Höhe der Eigenkapitalrendite, der Schulden, die Entwicklung der Gewinne und die Höhe der Umsatzrendite?

➢ Wie sind die langfristigen Aussichten des Unternehmens?

➢ Kaufen Sie Qualität zum günstigen Preis? Ist das Unternehmen an der Börse unterbewertet? Wenn nicht, dann müssen Sie auf eine günstige Gelegenheit warten. Warren Buffett betrachtet Geduld als eine Tugend.

➢ Seien Sie ein Investor und kein Spekulant. Wenn Sie eine Aktie nicht 10 Jahre lang halten wollen, dann halten Sie sie nicht einmal für 10 Minuten.

➢ Haben Sie Mut zum Investieren, falls die anderen Börsenteilnehmer in Panik geraten. Werden Sie vorsichtig, wenn alle anderen gierig werden.

Asset Allocation nach Warren Buffett

■ strategisch:
Investieren Sie vorzugsweise in Aktien. Kaufen Sie eine Immobilie zum Zwecke der Eigennutzung. Warten Sie bei Aktien auf günstige Kaufgelegenheiten und kaufen Sie vorzugsweise nach starken Kurseinbrüchen. Halten Sie Cash und Anleihen bereit, um kurzfristig bei Gelegenheit in Aktien umzuschichten.

■ taktisch:
Investieren Sie in stabile und profitträchtige Branchen. Konzentrieren Sie Ihre Investments und diversifizieren Sie nicht stark. Wählen Sie Unternehmen nach den Kriterien aus, die wir für Sie zusammengetragen haben. Halten Sie Ihre Aktien langfristig. Seien Sie ein Investor, kein Spekulant.

8.2   Strategien mit Optionen

Optionen sind zum Teil komplizierte, aber interessante Finanzinstrumente. Wir wollen Ihnen in diesem Abschnitt die Grundlagen von Optionsstrategien vorstellen. Mithilfe von Optionen (oder Optionsscheinen) können Sie

➤ Spekulationsgeschäfte und

➤ Absicherungsgeschäfte

tätigen.

Optionen werden sowohl von spekulativen als auch von konservativen Investoren benutzt.

Wir werden feststellen, dass auch Warren Buffett diese Finanzinstrumente benutzt. Optionen gehören zur Asset-Klasse der Termingeschäfte. Bei Termingeschäften wird bei Vertragsabschluss festgelegt, zu welchen Konditionen Sie den Vertrag an einem in der Zukunft liegenden Zeitpunkt erfüllen müssen.

Wir unterscheiden unbedingte und bedingte Termingeschäfte. Bei bedingten Termingeschäften kann ein Vertragspartner am Erfüllungstag wählen, ob er das Geschäft erfüllen will oder nicht.

Bei unbedingten Termingeschäften haben beide Vertragspartner die Pflicht zur Vertragserfüllung. Unbedingte Termingeschäfte (Futures und Swaps) sind riskanter und werden hier nicht behandelt. Optionen gehören in die Gruppe der bedingten Termingeschäfte, da einem Vertragspartner (dem Käufer) das Recht zusteht, sich für die Ausübung oder den Verfall der Option zu entscheiden. Der Verkäufer der Option muss sich dagegen der Entscheidung des Optionskäufers fügen und wird deshalb auch Stillhalter genannt. Zu jedem Käufer einer Option muss es einen Verkäufer geben!

Wir beschränken im Folgenden unsere Betrachtung auf Aktien-Optionen. Daneben gibt es auch Optionen auf Indizes (zum Beispiel den DAX), Zinsen und

Anleihen, Devisen, Edelmetallen usw. Wenn Sie die Grundlagen von Aktien-Optionen verstehen, können Sie Ihr Wissen auch auf die anderen Anlagearten übertragen.

Wir unterscheiden zwei Grundformen von Optionen:

1. die Kaufoption (Call) und

2. die Verkaufsoption (Put).

Der Käufer eines Call erwirbt mit der Zahlung des Optionspreises (der auch Prämie genannt wird) das Recht, zu einem in der Zukunft liegenden Zeitpunkt vom Verkäufer (Stillhalter) die Lieferung der Aktien zu beziehen, und zwar zu dem Preis, der bei Abschluss des Geschäfts vereinbart wird (auch Basispreis oder Ausübungskurs genannt).

Der Käufer eines Puts erwirbt mit der Zahlung des Optionspreises (Prämie) das Recht, innerhalb der Optionsfrist vom Verkäufer (Stillhalter) die Abnahme der Wertpapiere zum beim Vertragsabschluss vereinbarten Preis (Basispreis oder Ausübungskurs) zu verlangen.

Wenn der Käufer der Option (Call oder Put) sein Recht jederzeit innerhalb der Frist ausüben kann, sprechen wir von amerikanischen Optionen. Bei den europäischen Optionen darf der Käufer sein Recht dagegen nur am Ende der Optionsfrist ausüben. Die Optionsgeschäfte in Deutschland sind als amerikanische Optionen ausgestaltet.

Im Falle des Kaufs einer Option sprechen wir auch von einer Long-Position und im Falle des Verkaufs einer Option von einer Short-Position. Wenn Sie also eine Option kaufen, gehen Sie in die Option „long". Beim Verkauf der Option sind Sie in der Option „short".

Die nachfolgende Tabelle zeigt zusammenfassend noch einmal die 4 Positionen, die bei Optionsgeschäften eingenommen werden können.

Option	Käufer (zahlt den Optionspreis und hat aktives Entscheidungsrecht)	Verkäufer (erhält den Optionspreis und hat eine passive Erfüllungsverpflichtung)
Call	Käufer eines Calls (hat das Recht zum Bezug von Wertpapieren, z. B. der Aktien) Long-Call	Stillhalter in Aktien (hat die Pflicht, die Wertpapiere zu liefern) Short-Call
Put	Käufer eines Puts (hat das Recht auf Abgabe der Wertpapiere, z. B. seiner Aktien) Long-Put	Stillhalter in Geld (hat die Pflicht, die Wertpapiere zu kaufen) Short-Put

Wir sprechen von einem „Stillhalter in Aktien", wenn Sie einen Call verkaufen. In diesem Fall sind Sie dem Optionskäufer gegenüber verpflichtet, am Ausübungszeitpunkt die Aktien zu liefern, wenn dies der Käufer wünscht.

Wir sprechen von einem „Stillhalter in Geld", wenn Sie einen Put verkaufen. Dann müssen Sie damit rechnen, dass Ihnen der Optionsinhaber am Verfallszeitpunkt seine Aktien „andient". Weil dafür Geld bereitgehalten werden muss, sprechen wir beim Verkäufer eines Puts vom Stillhalter in Geld.

Beim Optionsgeschäft unterscheiden wir 3 Stufen:

1. Abschluss des Optionsgeschäfts durch Kauf bzw. Verkauf eines Optionsrechts und Bezahlung der Optionsprämie durch den Käufer

2. Ausübung innerhalb der Frist oder Verfall der Option

3. Sie können natürlich zusätzlich jederzeit Ihre Option über Ihre Bank an der (Termin-)Börse veräußern und damit das Geschäft beenden.

Der organisierte Handel mit Optionen begann in den USA Anfang der 1970er Jahre. Die Nachfrage nach dem neuen Finanzinstrument nahm in den 1980er Jahren enorm zu und zwang auch die Europäer, Terminbörsen zu gründen. In London entstand die LIFFE, in Paris die MATIF, in der Schweiz die SOFFEX und 1990 die DTB in Frankfurt am Main. Im Jahr 1998 gingen die Schweizer SOFFEX und die deutsche Terminbörse DTB in der neu gegründeten EUREX (European Exchange) auf. Zu den Mitgliedern der EUREX zählen Maklerfirmen und Kreditinstitute.

Die Beteiligung an Termingeschäften steht nach ausführlicher Information über die speziellen Risiken auch Privatanlegern offen. Die „Börsenterminge-schäftsfähigkeit" umfasst den Handel mit Termingeschäften auf Aktien, Anleihen, Indizes u. a. Sie können Termingeschäfte (Optionen, Optionsscheine) über Ihre Bank abschließen. Diese leitet die Aufträge an die Terminbörse weiter. Um Optionen in den USA auf US-Aktien zu handeln, müssen Sie ein Konto bei einer amerikanischen Bank oder einem Discount Broker besitzen. Ein Beispiel hierfür ist E*Trade, die sowohl in den USA als auch in Deutschland präsent ist.

Auf den Kapitalmärkten werden außer den Optionen auch Optionsscheine (auch Warrants genannt) begeben. Der Kauf von Optionsscheinen ist mit dem Kauf einer Kaufoption (Call) vergleichbar.

Bei Optionsscheinen handelt es sich um Wertpapiere, die eine Verbriefung der Rechte beinhalten. Im Normalfall liegen die Optionsfristen der Options-scheine oberhalb der Fristen von terminbörslich gehandelten Optionen. Der Vorteil der Optionen liegt darin, dass diese Instrumente standardisiert sind und an (liquiden) Terminbörsen gehandelt werden.

Bei Optionen können Sie problemlos die Position des Verkäufers (Stillhalters) einnehmen. Bei Optionsscheinen dagegen sind Sie von dem außerbörslichen Handel und den Bedingungen der Bank abhängig.

Der Preis einer Option (auch Prämie genannt) besteht aus dem inneren Wert und der Zeitprämie. Der innere Wert ist die Differenz zwischen dem aktuellen Börsenkurs der zugrunde liegenden Aktie und dem Basispreis der Option. Die Zeitprämie ist die Differenz zwischen dem Marktwert der Option und ihrem inneren Wert.

Die folgende Tabelle zeigt die Zusammenhänge für einen Call.

Aktienkurs	Basispreis	Callwert = innerer Wert + Zeitprämie		
250	225	30	25	5
250	235	25	15	10
250	250	18	0	18
250	265	10	0	10

Innerer Wert und Zeitprämie bei einem Call

Wir stellen fest, dass der Call umso teurer ist, je höher der Aktienkurs im Vergleich zum Basispreis liegt. Dabei setzt sich der Callwert aus dem inneren Wert und der Zeitprämie zusammen.

Nachfolgende Tabelle zeigt die Zusammenhänge und Definitionen für den inneren Wert:

Kurs zum Basispreis	Call
Aktienkurs liegt über Basispreis	im Geld (in-the-money)
Aktienkurs entspricht Basispreis	am Geld (at-the-money)
Aktienkurs fällt unter Basispreis	aus dem Geld (out-of-the-money)

Der innere Wert eines Calls (für einen Put analog)

Sobald der Aktienkurs auf die Höhe des Basispreises fällt (oder darunter liegt), ist der innere Wert gleich Null. Dann besteht der Wert des Calls ausschließlich aus dem Zeitwert (Zeitprämie).

Es gilt folgender Zusammenhang: Die Zeitprämie ist am höchsten, wenn der Call „am Geld" liegt. Je mehr die Option in das Geld gerät, umso höher liegt der innere Wert. Bei Optionen, die tief im Geld sind, besteht der Optionspreis weitgehend aus ihrem inneren Wert. Der innere Wert ist einfach die Differenz aus Aktienkurs und Basispreis, solange der Aktienkurs über dem Basispreis liegt (ansonsten beträgt der innere Wert Null). Der Wert des Calls hängt somit ausschließlich vom Verlauf der Zeitprämie ab.

Die wichtigsten Einflussgrößen auf die Höhe des Optionspreises bei Aktien sind:

➤ der Basispreis

➤ der aktuelle Aktienkurs

➤ die Volatilität des Aktienkurses

➤ die Restlaufzeit der Option

➤ das Zinsniveau

➤ die Dividende

Diese Einflussgrößen finden in Optionspreis-Modellen Berücksichtigung. Der Wert Ihres Calls ist umso höher,

➤ je niedriger die Dividende,

➤ je höher der Zins,

➤ je größer die Restlaufzeit,

➤ je höher der Aktienkurs im Verhältnis zum Basispreis und

➤ je größer die Volatilität der Aktienkurse ist.

Das bekannteste Modell für die Bewertung von Optionen ist das Modell von Black und Scholes.

Darüber hinaus finden in der Praxis zur Beurteilung von Optionen im Hinblick auf Risiko und Rendite eine Reihe von Kennzahlen Verwendung, die u. a. beim dynamischen Hedging (Kurssicherungsgeschäfte) von Bedeutung sind:

■ **Options-Delta**
Die Veränderung des Optionspreises im Verhältnis zu der Veränderung des zugrunde liegenden Aktienkurses. Das Options-Delta liegt nahe 0, wenn die Optionen weit aus dem Geld sind, und nahe 1, wenn die Optionen weit im Geld sind. Wenn Sie von der Kursbewegung einer Aktie stark profitieren wollen, müssen Sie eine Option mit hohem Delta kaufen.

■ **Options-Gamma**
Die Abhängigkeit des Options-Deltas von Veränderungen des zugrunde liegenden Aktienkurses.

■ **Leverage-Faktor**
Der Leverage-Faktor (auch Options-Omega genannt) gibt die prozentuale Abhängigkeit des Optionspreises von der prozentualen Veränderung des zugrunde liegenden Aktienkurses an. Der Leverage-Faktor ist immer größer 1 (sog. Hebeleffekt der Optionen).

■ **Options-Theta**
Die Abhängigkeit des Optionspreises von der immer kürzer werdenden Restlaufzeit. Das Options-Theta ist ein Maß für den Zeitwertverfall der Option. Ihre Option verliert gegen Ende der Laufzeit überproportional stark an Wert, was stets die Stillhalter von Optionen begünstigt.

■ Options-Vega

Die Abhängigkeit des Optionspreises von der Volatilität des Aktienkurses. Die Volatilität (und damit das Options-Vega) hat einen sehr großen Einfluss auf den Preis Ihrer Option. Je höher die Volatilität, desto höher der Wert der Option (Call oder Put). Wenn Sie eine Option in Erwartung steigender Kurse kaufen und dann auch die Volatilität ansteigt, nimmt auch der Wert Ihrer Option überproportional stark zu.

Wenn Sie die Grundlagen von Optionen beherrschen, können Sie zweifach davon profitieren. Zum einen können Sie damit Spekulationsgeschäfte und zum anderen Absicherungsgeschäfte (sogenanntes Hedging) tätigen.

Ihre Erwartungshaltung	Options-Strategie	Gewinn oder Verlust
Sie erwarten stark steigende Aktienkurse	Kauf eines Calls (sog. Long-Call)	Gewinn: unbegrenzt Verlust: max. Optionspreis
Sie erwarten mäßig steigende Aktienkurse	Verkauf eines Puts (sog. Short-Put)	Gewinn: Sie streichen die Optionsprämie ein Verlust: begrenzt
Sie erwarten eine große Kursbewegung, wissen aber nicht, in welche Richtung sie stattfindet	Kauf eines Calls und eines Puts mit dem gleichen Basispreis (sog. Straddle)	Gewinn: unbegrenzt Verlust: max. die beiden Optionsprämien
Sie erwarten nur eine kleine Kursänderung, wissen aber nicht, in welche Richtung sie stattfindet	Verkauf eines Calls und eines Puts mit dem gleichen Basispreis (sog. Short-Straddle)	Gewinn: Optionsprämien Verlust: unbegrenzt
Sie erwarten mäßig fallende Aktienkurse	Verkauf eines Calls (sog. Short-Call)	Gewinn: Optionsprämie Verlust: unbegrenzt
Sie erwarten stark fallende Aktienkurse	Kauf eines Puts (sog. Long-Put)	Gewinn: begrenzt (da Aktie nicht unter Null fällt) Verlust: Optionsprämie

Beispiel für einen Short-Put

Sie verkaufen einen Put mit einem Basispreis (Ausübungspreis) von 250 $. Der Put kostet annahmegemäß 5 $ (Optionsprämie). Nun fällt die Aktie unerwartet auf 248 $ und der Käufer des Puts übt die Option aus. Für den Käufer des Puts befindet sich die Option „im Geld", sodass er das Recht auf Abgabe seiner Aktie hat. Er dient Ihnen seine Aktie zum Basispreis von 250 $ an und ist froh, die Aktie nicht über die Börse zu einem niedrigeren Aktienkurs verkaufen zu müssen. Auf der anderen Seite streichen Sie als Verkäufer des Puts die Optionsprämie von 5 $ ein und müssen die Aktie Ihres Vertragspartners zu 250 $ kaufen, sodass Sie 245 $ ausgeben. Sie können nun die Aktie über die Börse zu 248 $ verkaufen und machen einen Gewinn von 3 $. Aber Vorsicht: Wenn die Aktie auf 240 $ gefallen wäre, hätten Sie einen Verlust von 5 $ gemacht. Sie machen einen Gewinn, solange die Aktie nicht unter 245 $ fällt. Das ist Ihr Break-even-Punkt.

Wenn die Aktie aber wie erwartet auf 253 $ steigt, verfällt die Option für den Käufer des Puts wertlos, da sie aus dem Geld liegt (out-of-the-money). Sie brauchen keine Aktien anzunehmen und streichen die Optionsprämie ein. Ihr Gewinn liegt bei 5 $. Das ist zugleich auch Ihr Höchstgewinn, auch wenn die Aktie auf 300 $ steigt. Bei starken Kurssteigerungen lohnt sich deshalb der Kauf eines Calls (sog. Long-Call).

Der Vorteil von Options-Strategien liegt darin, dass Sie sie in jeder Börsenphase anwenden können. Damit sind Sie nicht – wie bei Aktien – nur auf steigende Kurse angewiesen.

Spekulative Strategien mit Optionen haben auch große Nachteile. Peter Lynch war strikt gegen Optionen. In seinem Buch „Der Börse einen Schritt voraus" schreibt er über Optionen:

„In meiner ganzen Investmentlaufbahn habe ich nie eine Option gekauft, und ich kann mir nicht vorstellen, dies künftig zu ändern. Es ist schon schwer genug, mit regulären Aktien Geld zu verdienen, ohne von diesen Nebenwetten abgelenkt zu werden, von denen man sagt, dass sie kaum zu gewinnen sind, es sei denn, man ist professioneller Terminhändler [...] Mir ist bekannt, dass das hohe Gewinnpotenzial äußerst attraktiv für die vielen Kleinanleger ist, die unzufrieden darüber sind, dass sie zu langsam reich werden. Stattdessen entscheiden Sie sich dafür, schnell arm zu werden. Das liegt daran, dass

eine Option ein Terminkontrakt ist, der im Höchstfall nur einige Monate gültig ist und [meistens] wertlos verfällt [...] Am unerfreulichsten bei alledem ist, dass der Kauf einer Option nichts mit dem Anteilsbesitz an einem Unternehmen zu tun hat. Optionen führen nur zu einem gigantischen Kapitaltransfer von den Unvorsichtigen zu den Wachsamen. "

Peter Lynch verdeutlicht uns die Gefahren von Optionsgeschäften. Sie können aber die Risiken von Optionsgeschäften dadurch senken, dass Sie sich lediglich auf sehr gute Aktien konzentrieren. Warren Buffett machte es den Anlegern vor. Im Jahr 1993 führte Buffett ein Optionsgeschäft durch, das breite Beachtung in den Medien fand. Er verkaufte Put-Optionen auf Coca-Cola, weil die Aktien kurzfristig unter Druck geraten sind. Andrew Kilpatrick hat das Optionsgeschäft in seinem Buch „*Von bleibendem Wert"* ausführlich beschrieben.

„Buffett verkaufte im April 1993 [bei einem Aktienkurs von 40 $] aus dem Geld liegende Put-Optionen für je 1,5 $, um 3 Mio Coca-Cola-Aktien zu kaufen. Die Optionen liefen am 17. Dezember 1993 aus und konnten bis dahin bei einem Aktienkurs von 35 $ ausgeübt werden [...] Sein einziges Risiko bei diesem Put-Kontrakt war, dass er für die Aktien 35 $ je Anteil hätte zahlen müssen, ganz gleich, zu welchem weitaus niedrigeren Kurs Coke zu dieser Zeit an der Börse gehandelt würde. Doch auch wenn die Aktien niedriger notiert hätten, hätte er weitere Coke-Aktien gekauft, weil er sie ohnehin bei 35 $ kaufen wollte [...] Für Buffett war es eine typische Win-win-Situation, indem er Geld und außerdem Coke-Aktien bekam. "

Warren Buffett tätigte ein Short-Put-Geschäft mit der Verpflichtung, die Aktien von Coca-Cola zu kaufen, wenn sie unter dem Basispreis von 35 $ fallen und der Put ausgeübt wird. Sein Break-even-Punkt lag bei 33,5 $ (35 $ abzüglich der Optionsprämie von 1,5 $). Buffett war wahrscheinlich der festen Überzeugung, dass die Aktien von Coca-Cola nicht unter 35 $ fallen, sodass der Vertragspartner den Put nicht ausgeübt hätte.

Buffett muss bei Coca-Cola mit leicht steigenden Kursen gerechnet haben. Er hielt das Risiko, dass die Aktien dieses hervorragenden Unternehmens weiter einbrechen, für sehr gering. Aber auch wenn das passiert wäre und er dazu gezwungen würde, die Aktien zu kaufen, hätte ihm das nichts ausgemacht. Er war von Coca-Cola überzeugt und hätte dann die Aktien langfristig gehalten, sodass die Aktienkurse wieder steigen.

Buffett machte aus diesem Optionsgeschäft übrigens kein Geheimnis. Er bestätigte das Geschäft auf der Jahreshauptversammlung von Berkshire Hathaway im April 1993 und offenbarte den Aktionären, dass er mit einem ähnlichen Geschäft schon 2 Mio Aktien beschafft hatte.

Wie ging nun dieses spezielle Stillhalter-Geschäft mit den Aktien von Coca-Cola aus? Buffett behielt Recht, und der Aktienkurs brach nicht unter 35 $ ein, sodass er die gesamte Optionsprämie in Höhe von insgesamt 7,5 Mio $ als Gewinn einstreichen konnte.

Die Vorgehensweise von Warren Buffett verdeutlicht uns, dass auch konservative Investoren bei entsprechender Ausgestaltung des Optionsgeschäftes ohne große Risiken Optionen spekulativ einsetzen können. Voraussetzung hierfür ist, dass Sie sich auf die Aktien von exzellenten Unternehmen beschränken.

Optionen lassen sich aber nicht nur als Spekulationsinstrumente einsetzen. Sie können mithilfe von Optionen auch Ihr Portfolio vor Kursverlusten sichern (sog. Hedging bzw. Portfolio-Insurance).

Sie können Ihr Portfolio sicherlich auch mithilfe der Stopp-Loss-Strategie schützen. Dabei werden die Aktien sofort verkauft, sobald die Aktienkurse eine vorher definierte Untergrenze erreichen. Diese Strategie ist äußerst statisch, da sie nicht die Dynamik des Marktes berücksichtigt. Da Sie die Aktien verkaufen, nimmt Ihr Portfolio nicht an einer anschließenden Aufwärtsentwicklung des Aktienmarktes teil. Sie haben zudem bei größeren Kursbewegungen (zum Beispiel bei Börsencrashs) das Problem, dass Sie weit unter dem geplanten Zielkurs verkaufen müssen. Eine Lösung aus diesem Dilemma bieten Portfolio-Insurance-Strategien mit Optionen.

Die Basisstrategie zur Portfolio-Absicherung ist die Protective Put-Strategie. Hier schützen Sie Ihr Portfolio-Vermögen mittels des Kaufs von Put-Optionen nach unten ab. Der Portfolio-Mindestwert ist einfach der Basispreis der Option abzüglich der Optionsprämie (einschließlich der Transaktionskosten). Der Put-Kontrakt wird ausgeübt, wenn am Verfalltag der Portfoliowert unter dem Basispreis liegt. Wenn sich der Markt negativ entwickelt, ist Ihr Verlust auf die Höhe der gezahlten Optionsprämie begrenzt. Das Portfolio partizipiert aber problemlos an steigenden Aktienkursen.

Bei dieser Strategie haben Sie zwei Alternativen: Sie können zum einen Index-Puts erwerben und damit Ihr Gesamt-Portfolio absichern. Das ist nur dann sinnvoll, wenn das Portfolio in seiner Struktur dem Index entspricht. Sie können zum anderen aber auch für jede einzelne Aktie im Portfolio Puts kaufen und sich damit gegen fallende Kurse individuell absichern. Diese Alternative führt zu höheren Transaktionskosten. Deshalb verwenden Vermögensverwalter regelmäßig Index-Puts zur Absicherung der ihnen anvertrauten Portfolios.

Beispiel
Sie kaufen eine Aktie zu 225 € und sichern sie sogleich durch den Kauf eines Puts mit dem Basispreis 220 € zum Preis von 10 € ab. Der maximale Verlust beträgt 15 € (225 € plus Optionsprämie von 10 € und abzüglich 220 €). Auch wenn die Aktie um 44,4% auf 100 € abstürzen sollte, erleiden Sie nur einen Verlust von 15 € und damit maximal 6,7%. Sie haben schließlich das Recht, den Put auszuüben und die Aktien zu einem Basispreis von 220 € abzustoßen.

Sie können alternativ auch einen Put mit Basispreis 200 € kaufen. Weit aus dem Geld liegende Optionen haben einen geringeren Preis, bieten aber auch weniger Schutz vor Kursverlusten. Nehmen wir in diesem Fall an, dass der Optionspreis bei 2 € liegt. Dann liegt zwar Ihr maximaler Verlust bei höchstens 27 €, wenn sich die Aktie aber positiv entwickelt und Ihr Put wertlos verfällt, verlieren Sie nur 2 € (eben die Optionsprämie). Im ersten Fall liegt die Optionsprämie und damit Ihr Verlust bei steigenden Kursen bei 10 €. Vermögensverwalter decken sich oft mit preiswerten Put-Optionen ein, um sich nur gegen größere Rückschläge abzusichern und Ihre Portfolio-Rendite bei steigenden Kursen nicht durch Optionsprämien zu belasten.

Beispiel für einen Index-Put

Nehmen wir als Beispiel ein Vermögen von 500.000 €. Das Portfolio soll in seiner Struktur dem DAX entsprechen. Folglich hat das Portfolio einen Beta-Faktor mit einem Wert von 1. Der DAX soll einen Stand von 3.000 Indexpunkten haben. Die Anzahl der zu kaufenden Puts ergibt sich gemäß der Formel:

$$\text{Put-Anzahl} = \frac{\text{Portfoliowert}}{\text{Indexstand}} \times 100$$

In diesem Fall: 500.000 dividiert durch 3.000 multipliziert mit 1. Das ergibt 166,67. Wir müssen deshalb 166,67 Put-Optionen zu einem Basispreis von 3.000 kaufen, um uns vollständig gegen Kursverluste abzusichern. Wir können an der EUREX aber nur mit Options-Kontrakten handeln, die sich auf das 5-Fache des DAX beziehen. Somit müssen wir insgesamt 33 Put-Kontrakte kaufen.

Neben der Portfolio-Insurance mit Put-Optionen ist auch eine Portfolio-Insurance mit Calls möglich. Dazu werden Calls mit Festzinsanlagen kombiniert. So werden bei der 90/10-Strategie 90% des Portfolios in die risikolose Festzinsanlage und 10% des Portfoliowertes in die risikobehafteten Calls investiert. Bei einem Anfangsvermögen von 500.000 € und einem Anleihenzins von 5% müssen Sie genau 476.190 € investieren, um nach 1 Jahr den Portfolioendwert von 500.000 € garantiert zurückzuerhalten (sog. Kapitalgarantie).

Dann können Sie den Restbetrag von 23.810 € heute in Index-Calls mit 12-monatiger Laufzeit investieren. Wenn die Calls nach 1 Jahr wertlos verfallen (falls der Aktienindex nicht oberhalb des Basispreises liegt), haben Sie immer noch Ihr Mindestkapital von 500.000 €. Wenn Sie aber richtig liegen und Ihr Call nicht wertlos verfällt, können Sie einen größeren Gewinn als bei der reinen Festzins-Strategie einfahren.

Vermögensverwalter bedienen sich mitunter komplexeren Absicherungs-Strategien als mit Calls. So kann unter Verwendung der Black-Scholes-Modellierung für Optionen eine dynamische Absicherung durchgeführt werden. Dabei spielen die Kennzahlen Delta und Gamma, die wir in diesem Abschnitt beschrieben haben, eine bedeutende Rolle. Mittels Delta-Hedging ist es möglich, das Portfolio vollständig gegen kleine und stetige Kursänderungen der zugrunde liegenden Aktien zu immunisieren.

Allerdings müssen Sie kontinuierlich entsprechend dem Options-Delta das Portfolio bei größeren Kursänderungen anpassen, dann können sich Hedging-Strategien an der Börse trendverstärkend auswirken. Um das zu vermeiden und um das Portfolio auch gegen größere Kursänderungen der zugrunde liegenden Aktien vollständig zu immunisieren, wird ein sog. Delta-Gamma-Hedging betrieben. Bei dieser Strategie ist es möglich, den Gewinn (Verlust) der Options-Positionen durch den Verlust (Gewinn) der Aktien-Positionen vollständig auszugleichen. In der praktischen Implementierung der Strategie werden meistens Futures benutzt, da sich diese Finanzinstrumente als kostengünstiger erwiesen haben.

Privatanleger benutzen oftmals Optionsscheine. Banken benutzen zur Bestimmung des Wertes von Optionsscheinen aber die allgemeinen Options-Modelle wie das Black/Scholes-Modell. Ein bedeutender Vorteil von Optionsscheinen liegt in der breiten Palette der Underlyings (Aktien, Devisen, Zinsen, Indizes und Edelmetalle).

Eine Übersicht der Options-Strategien finden Sie ab Seite 195.

8.3   Schlussbemerkungen

Die Asset Allocation bestimmt die Aufteilung Ihres Vermögens in die verschiedenen Vermögensklassen (Aktien, Anleihen, Cash, Immobilien, Optionen, Fonds).

Bei der strategischen Asset Allocation wird das Verhältnis der Vermögensklassen zueinander bestimmt. Die genaue Branchen- und Titelauswahl ist der taktischen Asset Allocation vorbehalten.

In den Medien wird oftmals die Formel „100% abzüglich Alter" zur Bestimmung des Aktienanteils im Depot propagiert. Wenn Sie zum Beispiel 25 Jahre alt sind, müssten Sie nach dieser Formel 75% Ihres Vermögens in Aktien investiert haben. Wenn Sie 70 Jahre alt sind, müssten Sie nur noch 30% Ihres Vermögens in Aktien investiert haben. Solche Formeln tragen nicht gerade zur besseren Portfolio-Performance bei. Wenn der Aktienmarkt und die Aktien überbewertet sind, hat auch ein 25 Jahre alter Anleger nichts am Aktienmarkt verloren. Dagegen können Sie auch im hohen Alter einen hohen Aktienanteil besitzen. Warren Buffett ist über 80 Jahre alt und hat über 95% seines Vermögens in Aktien von Berkshire Hathaway investiert.

Peter Lynch und Warren Buffett empfehlen einen hohen Aktienanteil. Im Gegensatz zu den professionellen Anlegern, die sich an der Portfolio-Theorie orientieren, müssen Sie nicht übermäßig diversifizieren. Hohe Kursvolatilitäten an der Börse bieten eine gute Einstiegsmöglichkeit in exzellente Unternehmen und sind eher als Chance denn als Risiko aufzufassen.

Wenn Sie ausreichend Kenntnisse in Optionen besitzen, können Sie damit Ihr Depot gegen Kursverluste absichern. Damit haben Sie eine Alternative zu den statischen Stopp-Loss-Strategien.

Kenntnisse in Optionen sind heutzutage auch aus einem anderen wichtigen Grund bedeutend. Viele Technologie-Unternehmen wie zum Beispiel Microsoft, Dell Computer, eBay und Cisco Systems geben für ihre Mitarbeiter stock options aus, ohne diese offen in der laufenden Erfolgsrechnung (GuV-Rechnung) zu berücksichtigen. Stock options verursachen zweifellos Kosten, die den Shareholder Value der Anleger mindern. Die Kosten von stock options müssen unter Zuhilfenahme der Options-Modellierung von Black/Scholes berechnet und in der GuV-Rechnung Gewinn mindernd angesetzt werden. Wenn Sie Kenntnisse in der Bewertung von Optionen haben, stellt dies kein Problem dar.

Darüber hinaus müssen Sie berücksichtigen, dass durch die Ausgabe von stock options die Kapitalsubstanz verwässert („dilutiert") wird, sodass Ihre Aktionärsrechte eingeschränkt werden.

Optionen stellen heutzutage wichtige Finanzinstrumente dar, deren Bewertung für einen gut informierten Anleger unabdingbar ist.

Übersicht Options-Strategien

- Bei Optionen werden 4 verschiedene Positionen unterschieden:
  (a) Kauf eines Calls (Long-Call)
  (b) Verkauf eines Calls (Short-Call)
  (c) Kauf eines Puts (Long-Put)
  (d) Verkauf eines Puts (Short-Put)

- Der Wert einer Option ist abhängig von den Faktoren: Basispreis, Aktienkurs, Volatilität des Aktienkurses, Restlaufzeit der Option, Zinsniveau und Dividende

- Spekulative Strategien mit Optionen hängen von den Erwartungen des Investors ab. Strategien mit Optionen, die sich auf exzellente Unternehmen beziehen, eignen sich auch für konservative Investoren. Allerdings müssen Sie dafür erfahren sein.

- Sie können darüber hinaus mithilfe von Optionen Ihr Portfolio gegen Aktienkursverluste absichern (Hedging). Das hat gegenüber der Stopp-Loss-Strategie den Vorteil, dass sie auch an steigenden Kurse partizipieren. Wir unterscheiden einfache und komplexe Strategien. Komplexe Strategien werden meist von professionellen Vermögensverwaltern benutzt, um sich vollständig gegen Kursverluste abzusichern.

- Sie können sich mithilfe von Optionen auch gegen Wechselkursschwankungen und Zinsänderungen absichern. Dazu benötigen Sie Optionen auf Devisen und Anleihen. Voraussetzung hierfür ist eine tiefere Kenntnis über Options-Strategien.

9 Anhang

9.1 Kurzportraits werthaltiger Unternehmen

Bei der folgenden Aufzählung handelt es sich um interessante Unternehmen, die weitestgehend die Value-Kriterien erfüllen. Die Liste gibt keine Aussage über eine derzeitige Über- bzw. Unterbewertung der betreffenden Unternehmen.

adidas. Die adidas AG ist einer der weltweit größten Anbieter von Produkten rund um den Sport. Das Segment adidas ist eine führende Marke in der Sportartikelbranche mit einer ausgezeichneten Positionierung bei Sportschuhen, -bekleidung und -zubehör. Der Bereich TaylorMade vertreibt ein komplettes Sortiment an Golfschlägern, Schuhen, Bekleidung und Accessoires. Im Januar 2006 erfolgte die Übernahme der amerikanischen Reebok.

Allianz Holding. Der Allianz-Konzern ist der größte Versicherer Europas und nach der Akquisition der Dresdner Bank auch der führende Allfinanzdienstleister in Deutschland. Kerngeschäftsfelder sind die Bereiche Versicherung (Schaden/Unfall), Vorsorge (Leben/Kranken) und die Vermögensverwaltung. Der Konzern ist in 77 Ländern vertreten. Die Allianz hält Beteiligungen an einer Vielzahl von Großunternehmen (Münchener Rück u. a.).

Altria Group. Altria (früher Philip Morris) ist einer der führenden Tabakkonzerne der Welt. Mit Marken wie Marlboro oder Benson & Hedges kontrolliert der Konzern die Hälfte des US-Tabak-Marktes. Zur Produktpalette gehören auch Kau- und Schnupftabak sowie Wein. Die Lebensmittel-Sparte und das internationale Tabakgeschäft wurden ausgegliedert.

American Express. American Express ist der weltweit führende Anbieter von reisebezogenen Finanzdienstleistungen (Reiseschecks, Beratung). Daneben offeriert Amexco Bankdienstleistungen wie Kreditkarten (American-Express-Card, Optima-Card, Blue-Card), Finanzberatung (Finanzplanung, Lebens- und Rentenversicherungen, Fondsverkauf) und Brokerage Services.

Amgen. Nach der Übernahme von Immunex ist Amgen der mit Abstand weltgrößte Biotech-Konzern. Hauptprodukte sind Epogen und der Nachfolger Aranesp gegen Blutarmut sowie Neupogen und die Weiterentwicklung Neulasta zur Stimulierung der weißen Blutkörperchen in der Krebstherapie. Im Immunex-Portfolio befindet sich mit Enbrel gegen rheumatische Arthritis ein weiterer potenzieller Blockbuster.

Anheuser-Busch InBev. Die belgische Anheuser-Busch InBev ist mit einem jährlichen Bierausstoß von über 400 Mio hl der weltweit größte Brauereikonzern vor SABMiller. Das Portfolio umfasst rund 300 Marken, darunter Beck's, Stella Artois, Jupiler, Leffe, Staropramen, Budweiser, Michelob, Bud Light, Diebels, Spaten und Löwenbräu. Der Konzern verkauft seine Produkte weltweit und ist in mehr als 20 Schlüsselmärkten die Nummer 1 oder 2 der Branche.

AT&T. Wegen der zu hohen Marktanteile im Telefongeschäft wurde AT&T 1984 in 7 regionale Gesellschaften aufgeteilt. Der AT&T blieb das Langstrecken-Telefongeschäft; AT&T investiert mit Hochdruck in den Ausbau der Mobiltelefonie und Breitbandtechnik.

Beiersdorf. Der Hamburger Beiersdorf-Konzern besteht aus den Sparten Cosmed (Kosmetika: Nivea, Labello, Zeozon, 8x4), Klebetechnik (tesa) und Medical (medizinische Artikel zur Wundversorgung: Hansaplast). Nivea ist die weltweit größte und gleichzeitig auch älteste Körperpflegemarke. Mit dem neuen Pflaster „Zauberkraft" will Beiersdorf vom Harry-Potter-Boom profitieren.

Berkshire Hathaway. Berkshire Hathaway ist eine diversifizierte Holding mit dem Kerngeschäft Versicherungen, und zwar sowohl Erstversicherungen (Sach- und Schadensversicherungen wie Geico) als auch Rückversicherungen (General Re). Engagements auch im Produktionsbereich (Shaw Industries) und im Energiebereich (MidAmerican Energy). Das Finanzinvestment-Portfolio umfasst Beteiligungen an Coca-Cola, Gillette, American Express.

Biogen-Idec. Biogen-Idec ist im November 2003 aus der Fusion von Biogen und Idec Pharmaceuticals entstanden. Der Konzern entwickelt, produziert und vermarktet biotechnisch hergestellte pharmazeutische Produkte mit dem Fokus auf Krebsmedikamenten und Medikamenten zur Behandlung von Immunkrankheiten. Wichtigste Produkte sind Avonex gegen Multiple Sklerose und Rituxan gegen Krebs. Wert im S&P 500.

Black & Decker. Black & Decker produziert und vermarktet motorisierte Werkzeuge, Geräte und Accessoires für Haus und Garten sowie für Do-it-yourself-Handwerker und Gewerbetreibende. Black & Decker, DeWalt, Dustbuster und Kwikset sind die bedeutendsten Markennamen. Der Konzern beliefert mit seinen Produkten weit über 100 Länder und beschäftigt 22.700 Mitarbeiter. Die bedeutendsten Kunden von Black & Decker sind Home Depot und Lowes.

Bristol-Myers Squibb. Bristol-Myers Squibb Company ist ein weltweit tätiger, forschender Gesundheitskonzern. Die Produktpalette umfasst Medikamente und Therapien für verschiedene Krankheiten und Beeinträchtigungen mit Schwerpunkt Krebs- und Diabetesbehandlung. Eine weitere Sparte ist die Ernährung (Mead Johnson Nutritionals). Bristol-Myers Squibb hat seine Kosmetiksparte Clairol im November 2001 für 4,95 Mrd $ an Procter & Gamble verkauft.

British American Tobacco. BAT Industries ist zweitgrößter Zigarettenhersteller der Welt mit einem Weltmarktanteil von 15%. Der Konzern ist in 180 Ländern der Erde aktiv und Marktführer in über 50 Staaten. Zu den bekannten Marken zählen HB, Lucky Strike, Peter Stuyvesant, Benson & Hedges, Rothmans und Kent.

Campbell Soup. Campbell Soup ist ein in Nordamerika führender Produzent qualitativ hochwertiger Markenlebensmittel. Die Tomatensuppe in der rot-weißen Konservendose erlangte Weltruhm. Neben Suppen und Saucen (Pace) werden Frucht- und Gemüsesäfte (V8), Kekse und Konditoreiwaren (Pepperidge Farm) hergestellt. In Deutschland ist die Marke vor allem unter dem Namen Erasco bekannt.

ChevronTexaco. ChevronTexaco entstand durch die Fusion von Chevron und Texaco im Oktober 2001 und ist einer der weltgrößten Energiekonzerne und der zweitgrößte Ölproduzent der USA. Mit seinen Geschäftsfeldern deckt Chevron die gesamte Palette der Industrie ab, von der Exploration und Produktion über den Transport, die Raffinierung bis hin zur Vermarktung von Öl und Gas. Daneben fördert Chevron Kohle und stellt petrochemische Produkte her.

Citigroup. Citigroup ist der größte Finanzdienstleister in den USA und deckt mit seinen Geschäftsbereichen nahezu alle Bankgeschäfte ab. Zur Citigroup gehören neben der Citibank, dem Retail-Bereich des Konzerns, die Investmentbank Schroder Salomon Smith Barney (SSSB) sowie die Versicherungsgesellschaft Travelers & Primerica. Citigroup ist in über 100 Ländern vertreten und verfügt über fast 200 Mio Kundenkonten.

Coca-Cola. Coca-Cola ist der weltgrößte Hersteller von Softdrinks und kontrolliert rund 50% des Weltmarkts für alkoholfreie Erfrischungsgetränke. Der Konzern vertreibt 300 verschiedene Produkte in 200 Ländern, darunter vier der fünf weltweit bekanntesten Getränkemarken (Coca-Cola, Fanta, Sprite und Schweppes). Die Gesellschaft ist zu 44% am Abfüller Coca-Cola Enterprises beteiligt.

Colgate-Palmolive. Der 1806 gegründete Konzern ist nach Procter & Gamble der zweitgrößte Hersteller von Hygieneprodukten und Haushaltsartikeln. Die Produktpalette umfasst Zahnpasta, Zahnbürsten, Shampoo, Deodorants, Seife sowie verschiedene Waschmittel. Daneben wird Tierfutter angeboten. Bekannte Marken sind Colgate, Dentagard, Ajax und Palmolive. Insgesamt umfasst das Portfolio über 1.000 Einzelprodukte, die in 200 Ländern vertrieben werden.

Danone. Der Nahrungsmittelkonzern Groupe Danone ist der weltgrößte Produzent von Frischmilchprodukten (Top-Marke Danone) sowie die Nr. 2 im Bereich Mineralwasser (Evian, Volvic) und Gebäck (LU). Ergänzt werden diese drei Kerngeschäftsfelder durch kleinere Produktlinien (Asia-Saucen, -Gewürze).

Diageo. Diageo ist nach der Übernahme eines 61-%-Anteils an Seagram (die restlichen 39% wurden von der französischen Pernod Ricard erworben) Weltmarktführer bei Spirituosen. Bekannte Marken sind u. a. Guinness Stout, Smirnoff Wodka, Gordon's Gin, Johnnie Walker, Captain Morgan und Baileys. Die Fast-Food-Kette Burger King wurde verkauft.

DuPont. Der Chemie-Multi E. I. DuPont De Nemours and Company ist das größte Chemie-Unternehmen in den USA und produziert eine weite Palette von Spezial- und Grundchemikalien für alle Wirtschaftszweige, z. B. Polyester, Nylon, Teflon, Fasern, Filme, Farben, Elektronikprodukte, außerdem Saatgut mittels biotechnologischer Verfahren für die Agrikultur. DuPont verkaufte Ende 2001 seine Pharmasparte an Bristol-Myers Squibb.

eBay. eBay ist der weltgrößte Online-Auktionator. Das Unternehmen bietet auf seiner Webseite Anbietern und Nachfragern die Möglichkeit, alle Arten von Produkten wie Schmuck, Computer, Antiquitäten, Juwelen, Spielsachen und Autos zu handeln und auszutauschen. eBay erhebt für die Versteigerung der Artikel Gebühren. Die Online-Plattform gibt es in den USA, Deutschland, Großbritannien, Frankreich und in 14 weiteren Ländern.

Eli Lilly and Company. Eli Lilly & Co. mit Sitz in Indianapolis gehört zu den 10 größten Pharmaunternehmen der Welt. Der Konzern erforscht, entwickelt, produziert und vermarktet Arzneimittel zur Behandlung von Depressionen, Schizophrenie, Diabetes, Krebs, Osteoporose und Herz-Kreislauf-Erkrankungen. 1999 erhielt Eli Lilly als erstes Pharmaunternehmen den „Presidential Green Chemistry Challenge Award" für die Entwicklung neuer, umweltfreundlicher Verfahren.

Elsevier. Elsevier ist eine Holding und mit einer 50-%-Beteiligung eine der beiden Muttergesellschaften der Reed Elsevier, eines internationalen Verlags und Informationsanbieters (Zeitungen, Magazine, Fachbücher, Online-Dienste) für wissenschaftliche, technische und medizinische Bereiche. Auf den Gebieten Recht und Steuern zählt Reed Elsevier zu den weltweit führenden Anbietern.

Ems. Die Schweizer Ems-Chemie Holding AG ist ein weltweit aufgestellter Konzern der Spezialchemie-Branche. Metallersetzende, hochtemperaturbeständige Kunststoffe sowie technische Fasern und Kleber werden vornehmlich für die Auto-Industrie produziert, ferner Feinchemikalien für die Arzneimittel- und Papier-Industrie. Darüber hinaus verwerten die Ingenieure das Know-how im Anlagenbau, momentan vor allem in China.

Esprit. Haupt- und Verwaltungssitz des Unternehmens ist Hong Kong. Der Sitz der Europazentrale befindet sich in Ratingen, NRW. Von hier aus entwirft Esprit pro Jahr und Sparte 12 Kollektionen. Das Unternehmen ist in 40 Ländern aktiv. Derzeit betreibt Esprit 560 eigene Läden und beliefert mehr als 7.000 Händler weltweit. Deutschland ist mit einem Umsatzanteil von mehr als 50% wichtigster Absatzmarkt.

Exxon Mobil. Exxon Mobil ist der weltgrößte nichtstaatliche Energiekonzern. Die Geschäftätigkeit des Unternehmens umfasst die Exploration und Produktion von Öl und Gas, die Produktion von Strom und die Förderung von Kohle und Mineralien. Weitere Geschäftsbereiche sind Produktion und Vertrieb von Benzin, Ölprodukten und Chemikalien.

General Electric. General Electric ist eines der größten Industrieunternehmen der Welt. Die Produktpalette ist sehr breit und umfasst Triebwerke, Ausrüstungen, Industrie- und Materialtechnik, Energietechnik, TV-Stationen, die General Electric Capital Services (Finanzierungen) sowie Versicherungen. Damit hat sich General Electric von einem amerikanischen Elektronikkonzern zu einem weltweit vertretenen Konglomerat gewandelt.

Gillette. Gillette gehört zu den weltweit führenden Markenartikelherstellern. Das Angebot umfasst Rasierklingen, Elektrorasierer, Elektrokleingeräte, Zahnbürsten, Toilettenartikel und Batterien (Duracell). Bekannte Markennamen sind Mach3, Sensor Excel, Venus, Braun und Oral B. Das defizitäre Schreibwaren- und Haarpflegegeschäft hat der Konzern im vergangenen Jahr verkauft. Gillette ist in 20 Ländern mit Produktionsstätten vertreten.

GlaxoSmithKline. GlaxoSmithKline (GSK) entstand 2001 aus der Fusion von GlaxoWellcome und SmithKline Beecham und ist hinter Pfizer das größte Pharmaunternehmen der Welt. Die britische Gesellschaft hat weltweit einen Marktanteil von rund 7,4%. Neben rezeptfreien Produkten, Zahnpflege- und Hygieneartikeln (Dr. Best, Odol) stellt GSK spezielle Pharma- und Impfstoffe her. Zusammen mit der Bayer AG will der Konzern das Potenzmittel Vardenafil vermarkten.

Harley-Davidson. Harley-Davidson wurde 1903 gegründet und ist der einzige nordamerikanische Hersteller von schweren Gebrauchs- und Tourenmotorrädern. Zum Konzern gehören Buell, die den Bereich der Sport- und Leistungsmaschinen abdecken, und Eaglemark, eine Finanzierungsgesellschaft für den Groß- und Einzelhandel. Über 1.000 Händler weltweit vertreiben die legendären Motorräder, die Motorradbekleidungslinie „MotorClothes" und Utensilien rund ums Bike.

Heineken. Die weltweit zweitgrößte Brauerei betreibt über internationale Töchter und Minderheitsbeteiligungen über 110 Brauereien in mehr als 50 Ländern. Das Produktportfolio umfasst etwa 80 Biersorten. Zugpferde sind die Marken Heineken und Amstel. Daneben werden alkoholfreie Getränke, Wein und Spirituosen verkauft.

Henkel. Die Henkel KGaA ist mit Konsumentenklebstoffen (Pattex, Pritt) weltweit die Nr. 1. Auf dem traditionellen Gebiet der Waschmittel (Persil, Pril) ist der Familienkonzern in Europa genauso die Nr. 3 wie mit der Kosmetika-Sparte (Schwarzkopf, Fa, Theramed). Die Industriesparte Technologies führt mit Konstruktionsklebstoffen und Oberflächenreinigungstechnik den Weltmarkt an.

Hennes & Mauritz. Hennes & Mauritz ist die größte Bekleidungskette Europas und weltweit die Nr. 2. Das Angebot der Einzelhandels- und Versandhäuser erstreckt sich über Damen-, Herren- und Kinderbekleidung, Mode-Accessoires und Kosmetik. Zur Zielgruppe gehören mode- und preisbewusste Verbraucher. H&M betreibt über 890 Warenhäuser in 17 Ländern, davon über 220 in Deutschland, seinem größten Markt.

Hilti. Hilti ist weltweit führend in der Bohr- und Befestigungstechnik für professionelle Anwendungen in der Bau- und Gebäudebranche. „Die Hilti" ist zu einem Synonym geworden, die Hilti AG zum Welt-Konzern mit Niederlassungen und Fabriken in 120 Ländern. Über die gesamte Spanne von Handwerker- bis Do-it-yourself-Maschinen bietet die börsennotierte Familienfirma eine Vielzahl von Dübel- und Installations-Technik sowie Brandschutz- und Schaumsystemen.

Hilton Hotels. Hilton Hotels Corporation gehört mit 2.000 Hotels in 50 Ländern zu den bedeutendsten Hotelkonzernen weltweit. Die Kernaktivitäten der Gruppe beinhalten die Bewirtschaftung, die Verwaltung und das Franchising von Luxushotels, darunter so bekannte Marken wie Hilton und Hampton Inn, das berühmte Waldorf Astoria und die Conrad-Hotels, -Resorts und -Casinos in Übersee.

H&R Block. H&R Block ist ein führendes Holding-Unternehmen für Steuer- und Finanz-Dienstleistungen. Der diversifizierte Konzern bietet seinen Kunden in den USA, in Kanada, Australien und Großbritannien einen kompletten Service zur Erstellung von Steuererklärungen. Daneben ist H&R Block auch in den Bereichen Hypothekenfinanzierung, Brokerage und Investmentberatung tätig. Zu den Kunden gehören Firmen und Privatpersonen.

Hugo Boss. Hugo Boss ist ein international bedeutender Modekonzern mit Kollektionen für Damen und Herren. Im textilen Kerngeschäft stehen die Marken Boss und Boss Woman für edle Business-Mode sowie Hugo und Hugo Woman für hochwertige avantgardistische Produkte. Das Label Baldessarini bezeichnet die Herren-Luxusmarke. Die Herstellung nichttextiler Lifestyle-Produkte wird durch Lizenzpartner abgedeckt.

Intel. Intel designt, produziert und vermarktet Computerkomponenten und -produkte. Zu den wichtigsten Produkten zählen Mikroprozessoren (Pentium-Chips), Chipsets, integrierte intelligente Chips, Microcontroller, Flash-Memory-, Konferenz-, Grafik-, Netzwerk- und Kommunikationsprodukte, System-Management-Software sowie Produkte zur digitalen Bildverarbeitung.

Johnson & Johnson. Johnson & Johnson gehört zu den weltweit führenden Herstellern von Gesundheitsprodukten. Die Angebotspalette umfasst Medikamente, Hygiene- und Pflegeartikel sowie medizintechnische Instrumente. Bekannte Marken sind Penaten, bebe und o.b. Mit der Übernahme von Alza hat sich Johnson & Johnson zudem ein Standbein im wachstumsstarken Biotechnologie-Sektor geschaffen. Die Produkte werden in mehr als 175 Ländern verkauft.

Kellogg. Kellogg ist der weltweit führende Produzent von Zerealien (Frühstücksflocken, Müsli). Daneben werden andere Gertreidenahrungsmittel wie zum Beispiel Fertignahrung, Toastgebäck, gefrorene Waffeln, Bagels hergestellt. Top-Marken sind Kellogg's und Morningstar Farms. Die Vermarktung erstreckt sich über mehr als 160 Länder.

Kimberly-Clark. Kimberly-Clark produziert Hygieneartikel. Zu den Produkten für den Konsumentenbereich gehören Babywindeln (Huggies) und Frauenhygiene-Produkte (Kotex) sowie Taschentücher (Kleenex) und Servietten. Darüber hinaus werden im Away-from-home-Segment (AFH) u. a. Papierhandtücher und Wisch-Tücher für Großverbraucher hergestellt. Fabriken hat Kimberly-Clark in 41 Ländern.

Kraft Foods. Kraft Foods ist Amerikas Lebensmittelunternehmen Nummer 1. Im Jahre 2001 wurde Kraft Foods von Philip Morris abgespalten, der IPO war der zweitgrößte in der Geschichte der USA. Zu den bekanten Marken gehören Kraft-Käse und Nabisco (Cracker und Gebäck). Die Produkte von Kraft werden in 140 Ländern verkauft. Die Altria Group hält immer noch 84 % der Anteile an Kraft Foods und fast alle Stimmrechte.

Lindt & Sprüngli. Das 1845 gegründete Unternehmen gehört zu den führenden Herstellern von Schokoladenprodukten und Spezialitäten der gehobenen Preiskategorie. Zu den bekanntesten Produkten gehören Fioretto, Lindor sowie der Gold-Osterhase mit Glöckchen. Die Produktions- und Vertriebsfirmen werden unter dem Dach einer Holding geführt. Darüber hinaus vertreibt der Konzern sein Angebot über selbstständige Handelsunternehmen.

L'Oréal. Die Franzosen sind unangefochtener Weltmarktführer für Schönheitsprodukte. L'Oréal vertreibt rund 2.000 Produkte für die Haar-, Körper- und Hautpflege. Hinzu kommen Parfums, Düfte sowie Cremes. Zu den bekanntesten Marken gehören Garnier, Ralph Lauren, Giorgio Armani, Jade und Lancôme. Das Angebot deckt sämtliche Preisklassen von der Massenware bis zum Luxusartikel ab. L'Oréal ist zu 19,5 % am Pharmakonzern Sanofi-Synthélabo beteiligt.

McDonald's. McDonald's betreibt mit mehr als 29.000 Einheiten in über 120 Ländern weltweit das größte Netz von Schnellimbiss-Restaurants, von denen etwa 60% als Franchise-Unternehmen vergeben sind. Die Fast-Food-Kette zählt dabei täglich mehr als 45 Mio Restaurantbesucher. Zu McDonald's gehören zahlreiche bekannte Gastronomie-Marken; Aroma Café, Donatos Pizza und Boston Market.

Medtronic. Der mit Abstand weltgrößte Medizintechnik-Konzern ist vorwiegend in den Geschäftsbereichen Herzrhythmus-Kontrolle, Neurologie, Wirbelsäulen- und Gefäßchirurgie tätig. Mit einem Weltmarktanteil von 50% ist Medtronic die unangefochtene Nummer 1 bei Herzschrittmachern. Die hohe Innovationskraft bildet seit Jahren die Grundlage für den Erfolg.

Microsoft. Microsoft ist weltgrößter unabhängiger Entwickler von Produkten und Technologien für den Computer. Die Produktpalette umfasst das Betriebssystem Windows sowie Office-, Server-, Entwickler-, Homeoffice-, Internet-, Mobile-, Macintosh- und PC-Spiele-Software. Daneben wird Hardware für den PC (Maus, Tastatur, Joystick) vertrieben. Zusätzlich betätigt sich Microsoft als Internet-Service-Provider (MSN).

Moody's. Moody's ist eine weltweit führende Kredit-Rating-Agentur. Der Finanzdienstleister analysiert und bewertet die Kreditwürdigkeit von festverzinslichen Wertpapieren (Anleihen) und deren Emittenten (Staat, Unternehmen). Moody's beschäftigt weltweit rund 800 Analysten und bewertet für seine Kunden rund 85.000 Wertpapiere. Zum Kundenkreis gehören Privatanleger, Geschäfts- und Investmentbanken sowie Unternehmen und Regierungen.

Nestlé. Nestlé ist der größte schweizerische Industriekonzern und weltweit die Nr. 1 im Bereich der Nahrungsmittelhersteller. Die Palette der Markenartikel umfasst Getränke, Milch- und Diätprodukte, Babynahrung, Zerealien, Schokolade, Süßwaren, Konserven, (Tiefkühl-) Fertiggerichte, Tierfutter. Bedeutende Beteiligung: L'Oréal (Kosmetik).

Novartis. Novartis entstand 1996 aus der Fusion von Ciba-Geigy AG und Sandoz AG. Der Konzern befasst sich schwerpunktmäßig mit der Erforschung, Entwicklung, Produktion und Vermarktung von Pharmazeutika (Herz/Kreislauf, Asthma, Gynäkologie, Arthritis, Krebs). Weitere Geschäftsfelder sind Augenheilkunde (Marke CIBA Vision), Generika sowie Human- bzw. Tier-Medizin. Besonders positiv entwickelt sich das Pharmageschäft in den USA.

Numico. Koninklijke Numico N.V. (vormals Nutricia) produziert, entwickelt und vermarktet Babynahrung sowie „functional food". Wichtigste Produkte sind Muttermilchersatz, Babynahrung, Getränke und Cerealien. Durch die Übernahme der US-amerikanischen General Nutrition Company (GNC) stieg Numico zum weltgrößten Anbieter von Vitaminen auf.

Oracle. Oracle bietet mit Datenbank- und Applikations-Servern für Intra- und Internet Firmensoftware für das E-Business an (Anwendungen, Entwicklungs-Tools, Unterstützung für Geschäftsentscheidungen). Als einziger Anbieter offeriert Oracle globale E-Business-Komplettlösungen für Firmen (Front-Office CRM, Back-Office ERP, Plattform-Infrastruktur) und darauf spezialisierte Beratung, Ausbildung, Support Services.

Patterson Dental. Patterson Dental ist neben Henry Schein der führende Anbieter von Dental-Produkten in den USA und Kanada. Das Unternehmen beliefert Zahnärzte, Laboratorien und Institutionen des Gesundheitssektors mit Materialien (wie Bohrer oder Füllmaterialien), technischen Geräten, Bürosoftware und Schreibwaren. Daneben ist der Konzern auch im Markt für Veterinär-Produkte tätig. Absatzkanäle sind der Direktvertrieb und Repräsentanten.

Paychex. Paychex ist hinter Automatic Data Processing der zweitgrößte Dienstleister für Lohn- und Steuerabrechnungen in den Vereinigten Staaten. Das Unternehmen hat rund 100 nationale Niederlassungen und bedient rund 390.000 mittelständische Arbeitgeber, die jeweils weniger als 200 Beschäftigte haben. Paychex hat sich primär auf kleine und mittelständische Unternehmen spezialisiert und ist ausschließlich in den Vereinigten Staaten tätig.

PepsiCo. PepsiCo ist der weltweit zweitgrößte Hersteller von Softdrinks und mit der Marke Frito-Lay die Nummer 1 im Snack-Bereich. Daneben werden Fertiggetränke der Marke Lipton Tea, das Mineralwasser Aquafina und der Fruchtsaft Tropicana vertrieben. Die mit der Übernahme von Quaker Oates erworbene Marke Gatorade beherrscht mit einem Anteil von 85 % den US-Markt für Sportgetränke.

Pfizer. Der US-Pharmakonzern Pfizer liegt mit seinen verschreibungspflichtigen Präparaten international auf Platz 1. Das Produkt-Portfolio beinhaltet sechs der 20 weltweit meistverkauften Medikamente wie Lipitor (Anticholesterinmittel), Viagra (Potenzmittel), Norvasc (Herz/ Kreislauf), Zoloft (Anti-Depressivum) und Zythromax (Antibiotikum). Der Konzern verfügt außerdem über das weltweit größte Tierarzneimittelgeschäft.

Porsche. Die Porsche Automobil Holding SE ist mit ihren Beteiligungen an der Porsche AG und an VW nur noch eine reine Finanzholding. Die Produktpalette der Porsche AG umfasst verschiedene Varianten des Porsche 911 (Carrera, Targa, Turbo, GT), die Modelle Boxster, Cayman und Panamera sowie den Geländesportwagen Cayenne.

Procter & Gamble. Procter & Gamble gehört zu den weltweit führenden Markenartikel-Unternehmen. Gemessen am Börsenwert übertrifft der Konzern Konkurrenten wie Colgate, Kimberly-Clark oder Unilever um Längen. Die wichtigsten Marken sind Pampers, Tampax, Ariel, Lenor, Tempo, Punica oder Bounty. Insgesamt sollen allein schon die 250 bekanntesten Marken, die in 140 Ländern regelmäßig von etwa 5 Mrd Kunden gekauft werden, einen Wert von 45 Mrd $ haben.

Puma. Puma wurde 1948 in Herzogenaurach gegründet. Als sich die Brüder Rudolf und Adi Dassler trennten, wurde das Familienunternehmen in adidas und Puma aufgeteilt. Die Kernkompetenzen liegen in den Sportarten Fußball und Laufen. Heute gehört Puma zu den stärksten Markennamen in der Branche. Neuartige Concept Stores wurden in San Francisco, New York, Tokio, Paris und Rom eröffnet.

Roche Holding. Roche Holding ist ein weltweit operierendes Pharmaunternehmen mit einem breiten Spektrum an Produkten und Dienstleistungen, die auf die Vorbeugung, Diagnose und Behandlung von Krankheiten ausgerichtet sind. Das Geschäft gliedert sich in die Sparten Pharmazeutika, Diagnostika, Vitamine und Feinchemikalien. Roche Holding hält eine Mehrheitsbeteiligung an dem US-Biotechnologie-Unternehmen Genentech.

Samsung. Samsung Electronics Co. Ltd. zählt zu den größten Herstellern von Speicher-Chips weltweit und ist der größte südkoreanische Elektronikartikel-Hersteller. Das Unternehmen produziert DVD-Spieler, Fernsehapparate, Videorekorder, Digitalkameras, Festplatten, PC-Monitore, Drucker und RAM-Speicher-Chips. Weitere Produkte sind u. a. Mikrowellenherde, Kühlschränke und Staubsauger.

Skechers USA. Skechers USA ist eine führende Schuhladenkette (Schuhe, Sandalen, Sportschuhe, Stiefel) für Männer, Frauen und Kinder. Skechers vertreibt seine Schuhe über den Einzelhandel, über eigene Schuhläden sowie über seine Website Skechers.com. Das Unternehmen ist überwiegend in den USA, in Europa (Großbritannien, Frankreich, Deutschland, Schweiz und Spanien) und in Asien präsent. Die Produktionskapazitäten befinden sich in China.

Staples. Staples vertreibt Büroausstattungen (Computer, Zubehör, Möbel, Verbrauchsmaterial) in eigenen Geschäften und im Versandhandel. Staples ist in 4 Segmenten organisiert: North American Retail betreibt die Staples Supermärkte in den USA und in Kanada; Contract and Commercial betreut Vertragshändler und das Versandgeschäft; Staples.com ist als E-Commerce-Betreiber aktiv, und European Operations betreut das Europa-Geschäft.

Starbucks. Starbucks betreibt weltweit 15.973 Coffee-Shops. Daneben verfügt die Kaffeehauskette über eigene Röstereien. Außer hochwertige Kaffeespezialitäten verkauft das Unternehmen Komplementärprodukte wie Kaffeemaschinen und andere Accessoires. Der Vertrieb über Filialen wird ergänzt durch Joint Ventures, Verkäufe an Restaurantketten und durch den Versandhandel. In den USA werden rund 73% der Umsätze erzielt.

Swatch Group. Die Swatch Group gehört als Unternehmensgruppe zu den Schweizer Aushängeschildern in der Welt. Neben den bunten Kunststoffuhren gehören mittlerweile 18 Uhrenmarken zum Konzern. Darunter befinden sich so etablierte Namen wie Omega, Rado oder Glashütte. Einen weiteren Ertragspfeiler bilden die elektronischen Systeme wie die Telekomaktivitäten der Gruppe. Durch eigene Läden wird das Vertriebsnetz stetig ausgebaut.

Tiffany & Co. Tiffany & Co ist ein traditionsreicher (1837 gegründet), international renommierter Juwelier und Einzelhändler für Spezialitäten. Das Unternehmen betätigt sich als Designer, Hersteller und Einzelhändler für exklusiven Schmuck (79% des Umsatzes), Uhren, Tafelsilber, Porzellan, Kristallglaswaren, Parfums, Sport-Trophäen, Auszeichnungen, edle Schreibwaren und Accessoires.

Unilever. Unilever ist einer der weltweit bedeutendsten Markenhersteller im Konsumgüterbereich. Bekannte Labels der beiden Geschäftsfelder Unilever Bestfoods (Nahrungsmittel) sowie Haushalt und Körperpflege sind Knorr, Magnum, Lipton, Rama, Mazola sowie Omo, Kuschelweich, außerdem Lux, Dove, Mentadent, Calvin Klein.

Walgreen. Walgreen ist die größte Drogeriemarkt-Kette in den USA. Walgreen betreibt über 3.600 Drogerien in 43 Staaten und in Puerto Rico sowie weitere 9 Distributionszentren. Die Filialen sind Märkte, die eine Mischung aus Apotheke, Drogerie und Supermarkt darstellen. Mit über 80.000 Angestellten werden verschreibungspflichtige Medikamente, Nahrungsmittel, Getränke und Kosmetikartikel sowie Foto-Entwicklungen angeboten.

Wal-Mart Stores. Wal-Mart Stores ist mit mehr als 7.600 Filialen das größte Einzelhandelsunternehmen der Welt. Das Erfolgskonzept des Konzerns ist eine breite Angebotspalette zu günstigen Preisen, kombiniert mit einem erstklassigen Kundenservice. Die meisten Verkaufszentren befinden sich in den USA, in der Regel außerhalb der Ballungsgebiete. Dazu gehören Supermärkte, Kaufhäuser und Club-Geschäfte (Sam's Club).

Walt Disney. Walt Disney Co. ist der weltweit drittgrößte Medienkonzern. Neben dem Betrieb von Vergnügungs- und Themenparks in Florida, Kalifornien, Paris und Tokio erfolgt die Produktion von Kinofilmen (Buena Vista, Touchstone, Hollywood Pictures) und Tonträgern. Außerdem ist das Unternehmen in den Bereichen TV-Sender (ABC, ESPN), Radio und Verlag sowie Einzelhandel mit Disney-Produkten aktiv.

Yahoo! Yahoo! Inc. bietet Internetdienstleistungen im Bereich Medien, Kommunikation, Information und Shopping an. Das Unternehmen war der erste und ist heute einer der führenden Anbieter von Online-Suchmaschinen. Der Name Yahoo! ist weltweit ein bekannter Markenname. Das Unternehmen ist führend in der Verbreitung von Internetadressen. Über 48 Mio Menschen besuchen jeden Monat die Seiten von Yahoo! Inc.

9.3 Börsenweisheiten großer Investoren

A stock doesn't know you own it.

I never attempt to make money on the stock market. I buy on the assumption that they could close the market the next day and not reopen it for five years.

Mr. Market shows up each day offering a price at which he will buy your share of the business or sell you his share. No matter how wild his offer is or how often you reject it, Mr. Market returns with a new offer the next day and each day thereafter: Mr. Market is your servant, not your guide.

Of course, the investor of today does not profit from yesterday's growth. Price is what you pay. Value is what you get.

Risk comes from not knowing what you are doing.

Auch für eine hervorragende Aktie kann man zuviel bezahlen.

Investiere nur in eine Aktie, deren Geschäft du auch verstehst.

Mit genug Insider-Informationen und einer Million Mark kann man schon nach einem Jahr ruiniert sein.

Konzentrieren Sie Ihre Investments. Wenn Sie über einen Harem mit vierzig Frauen verfügen, lernen Sie keine richtig kennen.

Ich will in der Lage sein, meine Fehler zu erklären. Das bedeutet, dass ich nur Dinge tue, die ich vollkommen durchschaue.

Man sollte in Unternehmen investieren, die selbst ein Vollidiot leiten könnte, denn eines Tages wird genau das passieren.

Wenn ich eine Aktie einmal habe, gebe ich sie am liebsten nie wieder her.

Ein Unternehmen braucht einen Burggraben, um sich vor demjenigen zu schützen, der eines Tages kommen und das gleiche Produkt für einen Heller weniger anbieten wird.

Wenn ich eine Aktie kaufe, stelle ich mir vor, ich würde ein ganzes Unternehmen kaufen, so als ob ich einfach den kleinen Laden an der Ecke kaufen würde. Würde ich ihn kaufen, würde ich alles über ihn wissen wollen.

Es ist besser ungefähr Recht zu haben, als sich tödlich zu irren.

Buffets Erklärung, wie er Aktien analysiert: *Investieren und Journalismus sind dasselbe. Ich bat ihn, sich vorzustellen, er müsste an einem fundierten Artikel über seine eigene Zeitung arbeiten. Er würde viele Fragen stellen und auf viele Fakten stoßen. Schließlich würde er über die „Washington Post" Bescheid wissen. Mehr ist nicht dabei.*

Mann kann damit rechnen, dass die Menschen gierig werden, Angst bekommen oder übermütig werden. In welcher Reihenfolge, lässt sich nicht vorhersagen.

Eine Aktie, die man nicht 10 Jahre zu halten bereit ist, darf man auch nicht 10 Minuten besitzen.

Warren Buffett

Gewinn ist Segen, wenn man ihn nicht stiehlt.

William Shakespeare

Kaufen, wenn die Kanonen donnern.

Kein Unternehmen kann so schwach sein, dass es durch ein gutes Management nicht wiederbelebt werden könnte. Kein Unternehmen kann so stark sein, dass es durch ein schwaches Management nicht zerstört werden könnte.

Wallenberg

Oktober ist einer der besonders gefährlichen Monate an den Börsen. Die anderen gefährlichen Monate sind Juli, Januar, September, April, November, Mai, März, Juni, Dezember, August und Februar!

Mark Twain

Wirklich genießen kann man nur das Geld, das man mühsam verdient hat. Aber wenn man es mühsam verdient, hat man keine Zeit, es zu genießen.

Aldous Huxley

Stocks are never too high to buy and never too low to sell.

Echte Spitzeninvestoren sind nicht häufiger als fähige Generale, Admiräle, Wissenschaftler, Juristen, Künstler, Komponisten und Musiker.

Loeb

Es gibt ein weitverbreitetes Sprichwort: „Geld allein macht nicht glücklich". Wer dies behauptet, hat für gewöhnlich keins.

Es ist oft klüger, ein paar Stunden über sein Geld nachzudenken, als einen ganzen Monat für Geld zu arbeiten.

George Soros

Jeder kann Geld mit Aktien verdienen, wenn er nur seine Hausaufgaben macht.

Verliebe Dich nie in eine Aktie, bleibe immer aufgeschlossen.

Peter Lynch

Die Erfahrung ist der erbärmlichste aller Lehrer; sie bittet zur Prüfung, noch bevor der Unterricht begonnen hat.

Sell in May and go away.

Only the Sky is the Limit!

Wenn man jung ist, denkt man, Geld sei alles, und erst, wenn man älter wird, merkt man, dass es alles ist.

Oscar Wilde

Eine Investition in Wissen bringt die besten Zinsen.

Benjamin Franklin

Hin und her macht Taschen leer.

Alle menschlichen Fehler sind Ungeduld.

Franz Kafka

Politische Börsen haben kurze Beine.

Niemand plant zu scheitern; man scheitert vielmehr, weil die Planung fehlt.

Charles L. Minter

Würde alles Geld dieser Welt an einem beliebigen Tag um drei Uhr nachmittags unter die Erdenbewohner verteilt, so könnte man schon um halb vier erhebliche Unterschiede in den Besitzverhältnissen der Menschen feststellen.

Wenn man kein Geld hat, denkt man immer an Geld. Wenn man Geld hat, denkt man nur noch an Geld.

Paul Getty

Ich habe oft gesagt, dass der Kauf in einem steigenden Markt die angenehmste Art ist, Aktien zu kaufen.

Märkte haben nie Unrecht, Menschen oft.

Spekulation ist kein einfaches Geschäft. Es ist kein Spiel für dumme und mental faule Menschen mit geringem emotionalem Gleichgewicht.

Jesse Livermore

Euphorie und Panik sind die schlechtesten Ratgeber bei Geldanlagen.

Roland Leuschel

Es gibt tausend Möglichkeiten, sein Geld auszugeben, aber nur zwei, Geld zu verdienen: Entweder wir arbeiten für Geld oder Geld arbeitet für uns!

Kaufe nicht, wenn der Kurs am niedrigsten ist. Verkaufe nicht, wenn der Kurs am höchsten ist, das können nur Lügner.

Bernard Baruch

Die Börse ist wie ein Paternoster. Es ist ungefährlich, durch den Keller zu fahren. Man muss nur die Nerven behalten.

John Kenneth Galbraith

Sie kaufen erst, wenn sie meinen, jedes Risiko vermieden zu haben. Meistens kaufen sie zu spät.

J. Paul Getty

Genug ist besser als zu viel.

Wichtig ist, dass Sie öfter Recht haben, als sich zu irren. Wenn Sie Recht haben, sollten Sie sehr Recht haben, wenigstens von Zeit zu Zeit. Und wenn Sie sich irren, dann sollten Sie das erkennen, bevor Sie sich sehr irren!

Der einzige Investor, der nicht diversifizieren sollte, ist derjenige der immer 100% richtig liegt!

Die Zeit des größten Pessimismus ist die beste Zeit des Kaufens, die Zeit des größten Optimismus ist die beste Zeit zu verkaufen!

Wer die gleichen Aktien kauft wie alle anderen, hat auch die gleiche Performance!

John Templeton

Wer den ganzen Tag arbeitet, hat keine Zeit Geld zu verdienen.

Rockefeller

Wenn es um Dein Geld geht, dann vertraue nur einer einzigen Person: Dir selbst.

Tom und David Gartner

Wenn Du kein Geld hast, hast Du die wenigsten Freunde, aber die besten!

Franz Carl Endres

Kaufen, wenn Blut auf der Straße schwimmt!

Mark Mobius

Geduld ist die oberste Tugend des Investors.

Ich glaube, dass es für eine Minderheit von Investoren möglich ist, bessere Ergebnisse zu erzielen als der Durchschnitt. Unter zwei Voraussetzungen:

Erstens müssen Sie Ihre Auswahlkriterien auf den wahren Wert der Papiere konzentrieren, statt auf den aktuellen Marktpreis. Zweitens müssen Sie grundlegend andere Geschäftsmethoden anwenden als die meisten Käufer von Wertpapieren. Sie stellen eine eigene Kategorie dar, die sich von der allgemeinen Öffentlichkeit fernhalten sollte.

Benjamin Graham

Diversifikation begünstigt die Ignoranz.

William O'Neil

Wenn sich alle Experten einig sind, ist Vorsicht geboten.

Bertrand Russell

Wer die Kreise der Börse betritt, wird in ewiger Unruhe gehalten und sitzt in einem Gefängnis, dessen Schlüssel im Meer liegen und dessen Riegel sich niemals öffnen.

Don Joseph de la Vega

Zur wichtigen Schlüsseleigenschaft Geduld: Ich warte nur einfach, bis irgendwo Geld in der Ecke liegt und ich nur hinübergehen muss, um es aufzuheben. Vorher mache ich nichts.

Jim Rogers

Ich kann zwar die Bahn der Gestirne auf Zentimeter und Sekunden berechnen, aber nicht, wohin eine verrückte Menge einen Börsenkurs treibt.

Sir Isaac Newton

Bullenmärkte machen Anleger übermütig: Wenn man als Ente auf einem Teich schwimmt und dieser aufgrund von Regenfällen ansteigt, bewegt man sich in der Welt allmählich nach oben. Aber man hält sich selber für die Ursache und nicht den Teich.

C. Munger

Kaufe nicht, was Du brauchst, sondern was nötig ist.

L Annaeus Seneca

Mancher Erfolg wird dem Menschen zum Schaden, mancher Gewinn wird zum Verlust.

Altes Testament